Auf den Spuren der Indianer

Geschichten über die Missionsarbeit unter Cree- und Salteaux-Indianern

Egerton Ryerson Young

Writat

Diese Ausgabe erschien im Jahr 2023

ISBN: 9789359258898

Herausgegeben von
Writat
E-Mail: info@writat.com

Inhalt

Vorwort.

Dies ist keine fortlaufende Erzählung der Missionsarbeit, wie es bei einigen Büchern des Autors der Fall ist. Es handelt sich um eine Sammlung verschiedener Kapitel, von denen einige speziell für diesen Band geschrieben wurden, andere, die ganz oder teilweise in anderer Form das Licht der Welt erblickt haben, nun auf Wunsch von Freunden und dank der freundlicher Genehmigung von die Verleger, hier versammelt.

Romantische Missionsarbeit unter den Indianern wird bald der Vergangenheit angehören. Die Zivilisation erreicht dieses Volk, und das eiserne Pferd rast und kreischt dort, wo einst der Indianerpfad der einzige Weg war. Das malerische Gewand verschwindet schnell, und die Ladenkleidung, die oft zu früh in alles andere als malerische Lumpen verwandelt wird, hat den Indianer des Interesses beraubt, das ihm einst anhaftete.

Diese Wanderungen auf der schnell verschwindenden Spur sprechen eher von Erfolgen als von Misserfolgen; Nicht nur, dass es viele Letztere gab, und auch das lange Warten nach der Saatzeit auf die Ernte, sondern weil es so viel angenehmer und hilfreicher ist, auf die positive Seite des Lebens zu blicken und eher von Sieg als von Niederlage zu sprechen.

In der Hoffnung, dass dieses Buch den Freunden und Unterstützern der Missionen, die zu einer so zahllosen Gemeinschaft geworden sind, hilfreich und ermutigend sein wird und dass sein Name dadurch verherrlicht werden möge, schicken wir es auf den Weg.

ERY *Toronto* .

Kapitel eins.

Auf dem Prairie Trail.

Im Jahr 1868 stießen wir bei Saint Paul auf den Präriepfad.

Wir, das sind meine junge Frau und ich, sollten in Begleitung einiger anderer Missionare und Lehrer viele hundert Meilen auf dieser Strecke zurücklegen, um die Wigwam-Schlafstätten der Indianer im nördlichen Teil der Hudson Bay Territories zu erreichen. zu dem wir berufen waren, das herrliche Evangelium des Sohnes Gottes zu überbringen.

Wir sollten das Werk fortsetzen, das von Männern mit erhabenem Glauben und heroischem Mut begonnen wurde, und es noch weiter in entlegenere Regionen tragen, wo die süße Geschichte der Liebe eines Erlösers noch nie gehört worden war. Wir hatten genug Vertrauen in Gott, um zu glauben, dass Pelzhändler auf diesen Wegen reisen und in diesen einsamen, abgelegenen Regionen leben könnten, um von den Segnungen der Zivilisation zu profitieren und durch den Handel mit den Indianern Geld zu verdienen, die die Strapazen ertragen Trotz der Entbehrungen, die ein solches Leben mit sich bringt, könnten wir um Christi willen gleiche Opfer bringen, um die frohe Botschaft seiner großen Liebe denen zu überbringen, die die wundersame Geschichte noch nie gehört hatten.

Nach etwa dreiwöchiger Reise hatten wir mit dem Dampfschiff und der Eisenbahn so weit wie möglich zurückgelegt und befanden uns an der äußersten Grenze dieser großartigen Methoden der zivilisierten Fortbewegung. Von diesem Punkt an hatten wir nur noch den Präriepfad vor uns. Immer weiter erstreckte es sich über Hunderte von Kilometern, immer weiter bis ins Land des Nordwinds. Auf seinem kurvenreichen, hügeligen Weg erlebten vor vielen Jahren die zähen Pioniere der neuen Welt Abenteuer; und als sie tapfer weitergingen, waren sie voller Staunen und Ehrfurcht vor der Weite der großen und grenzenlosen Prärie.

Dicht in ihrer Spur und manchmal sogar selbst als Pioniere folgten die frühen heldenhaften Priesteranhänger Loyolas, begierig darauf, die wilden Indianer der Ebenen und Wälder zu treffen und mit ihnen Freundschaft zu schließen, damit sie unter ihnen das Kreuz errichten könnten. und nach ihrem Glauben werden sie durch den einfachen Ritus der Taufe in den Schoß der Mutterkirche aufgenommen.

In späteren Jahren war ein Großteil der Romantik des großen Trails verschwunden. Handel und Gewerbe hatten es mit ihren vielfältigen Aktivitäten so in Besitz genommen, dass, als wir es 1868 zum ersten Mal sahen, die langen Züge laut knarrender Karren des Red River und die großen, mit Planen bedeckten Wagen der abenteuerlustigen Einwanderer die auffälligsten Anblicke waren seine staubigen Strecken. Gelegentlich sah man dort Trupps indianischer Krieger mit Gefieder und Bemalung, die auf ihren feurigen Rossen dahinstürmten, um sich auf ein plünderndes Abenteuer zu begeben oder, was wahrscheinlicher war, auf der Suche nach den riesigen Büffelherden, die noch immer in den weiter westlich gelegenen Regionen wimmelten. wie „das Vieh auf tausend Hügeln".

Es war einer dieser perfekten Tage im schönen Monat Juni, als wir die blühende junge Stadt Saint Paul verließen und uns mit unseren mit Planen bedeckten Wagen und vierzehn ausgesuchten Pferden richtig auf den Weg machten. Als wir die Grenzstadt verließen und damit die letzte Verbindung zur Zivilisation abbrachen, wurde uns deutlich, dass wir nun mit unserer Missionsarbeit begannen.

Dreißig Tage waren wir auf diesem Prairie Trail. Nicht alle waren von der seltenen Schönheit der ersten. Mehrere Male wurden wir von heftigen Gewittern heimgesucht, als es nicht immer möglich war, uns vor dem schrecklichen Regenguss zu schützen. Eines Nachts zerstörte ein echter Zyklon unser Lager; Zelte und Wagen mit ihrem vielfältigen Inhalt rasten vor seiner unwiderstehlichen Kraft in unregelmäßigen Kursen dahin.

Unser Weg war voller Gefahren: Bäche ohne Brücken mussten überquert werden; Präriebrände mussten bekämpft oder wild vor tückischem Treibsand geflohen werden, der sich manchmal sehr einladend auf beiden Seiten des elenden Pfades ausbreitete und den unvorsichtigen Reisenden dazu verleitete, sich auf ihre glatte und glänzende Oberfläche zu verlassen. Aber wehe den Törichten, die den Weg verlassen haben und sich in den Treibsand begeben haben: Wenn sie nicht schnell durch die vereinte Kraft ihrer Freunde gerettet würden, würden Pferde und Reisende bald verschlungen werden; Daher lautete der Warnruf des Führers immer: „Bleiben Sie auf der Spur!"

So reisten wir weiter, mal im Sonnenschein, mal im Sturm. Jeden Morgen und Abend hatten wir unsere Familiengebete. Die Sabbate waren Ruhetage für alle – süße und kostbare Tage, an denen wir, eine kleine Gruppe von Missionaren und Lehrern, draußen im Sonnenschein in den herrlichen Prärien Gott verehrten: Sie waren wie die Tage des Menschensohnes auf Erden.

Dreißig Tage auf einem solchen Weg konnten nicht ohne einige seltsame Abenteuer vergehen, und wir erlebten unseren Teil davon mit Weißen und Indianern.

Ein gesprächiger Papagei in unserer Gruppe erschreckte einige sehr neugierige und abergläubische Indianer und französische Mischlinge beinahe zu Tode. Eines Tages hatten sie ihre Ochsenkarren an derselben Stelle angehalten, an der wir, in die entgegengesetzte Richtung kommend, zum

Abendessen rasteten. Als sie von dem wunderbaren Papagei hörten, drängten sie sich um ihn herum, um ihn zu sehen. Polly hielt ihren neugierigen Blicken eine Weile stand, dann sprang sie offenbar etwas verärgert mit gesträubten Flügeln so weit nach vorne, wie sie in ihrem großen Käfig konnte, und rief:

"Wer bist du?"

Die Wirkung auf die abergläubischen Mischlinge und Indianer war ungefähr so, als ob Seine satanische Majestät plötzlich unter ihnen erschienen wäre. Sie rannten davon, und nichts, was wir tun konnten, konnte einen von ihnen dazu bewegen, den Vogel noch einmal anzusehen.

Ein weiteres, höchst einzigartiges und verblüffendes Abenteuer ereignete sich auf dieser Reise, bevor wir viele Tage auf dem Weg verbracht hatten.

„Behalten Sie Ihre prächtigen Pferde besser im Auge, sonst wachen Sie vielleicht eines schönen Morgens auf und stellen fest, dass sie verschwunden sind."

Das waren ziemlich überraschende Neuigkeiten und sorgten in unserem Lager für große Aufregung.

Die Redner waren einige Späher der US-Armee, die sich eilig von den Quellgewässern des Missouri auf den Weg machten, wohin die Truppen gegangen waren, um Unruhen der Indianer zu unterdrücken. Sie waren nun mit Sendungen nach Washington auf dem Weg nach Saint Paul.

Jede Nacht unserer Reise mussten wir in echter Western-Manier unsere Pferde humpeln und sie herumlaufen lassen, damit sie sich von den üppigen Gräsern ernährten. Bei diesem Humpeln handelt es sich lediglich um das lockere Zusammenbinden der Vorderpfoten mit weichen Lederriemen, so dass das Tier beim Bewegen beide Vorderpfoten gleichzeitig anheben muss. Da seine Bewegungen daher zwangsläufig langsam sind, kann man sich nicht sehr weit vom Lager entfernen. Da wir keine Angst vor Gefahren hatten, waren wir sehr unvorsichtig und ließen alles unbewacht.

Die schrecklichen Massaker der Sioux vor einigen Jahren in genau diesen Regionen gerieten nun in Vergessenheit. Es ist wahr, dass während unserer Reise die Ruinen der zerstörten und vielerorts noch nicht wieder aufgebauten Gehöfte der Siedler lebhafte Erinnerungen an jene schrecklichen Grenzkriege waren, bei denen über neunhundert Weiße ihr Leben ließen. Die Indianer befanden sich nun jedoch weit nördlich und westlich von uns, so dass wir keine Angst hatten, während wir gemächlich weiterzogen. Daher war es etwas erschreckend, als diese malerisch gekleideten Kundschafter in unserer Mitte anhielten und uns ermahnten, unsere Pferde zu bewachen; Er erzählte uns, dass sich die berüchtigtste Pferdediebbande in der Nachbarschaft aufhielt und angeblich gehört hatte, dass in der Prärie eine

Party mit einigen prächtigen Pferden stattgefunden habe, nach denen sie zweifellos auch jetzt noch Ausschau hielten uns auf einigen der Wanderwege.

Nach einer kurzen Pause für ein eiliges Essen verließen uns unsere gebräunten, gut bewaffneten Besucher. Das letzte, was wir von ihnen sahen, war, als sie auf dem Weg nach Süden davongaloppierten.

Sofort wurde ein Rat einberufen, der beschloss, in die Nähe von Clearwater weiterzuziehen und dort zu bleiben, bis alle letzten Vorbereitungen für unsere lange Reise abgeschlossen waren. Unsere Pferde wurden tagsüber freigelassen und humpelten, durften sich aber nicht weit vom Lager entfernen. Wachsame Augen waren ständig auf sie gerichtet und suchten auch die Prärie nach verdächtigen Eindringlingen ab. Vor Sonnenuntergang wurden sie alle in einer großen Scheune versammelt und sicher angeschnallt, die über die Prärie hinausragte und das einzige Gebäude war, das von einem großen Bauernhof übrig geblieben war; alle anderen Gebäude, einschließlich des Wohnhauses, waren während der Indianerkriege niedergebrannt worden. Bisher waren noch keine Überlebenden oder Verwandten gekommen, um Anspruch auf den verlassenen Ort zu erheben, und so hatten die üppigen Präriegräser die Stelle, an der einst die zerstörten Gebäude standen, fast mit ihrem grünen Grün bedeckt; und jetzt war alles, was von früherem Wohlstand zu erzählen blieb, diese einsame alte Scheune.

Die Männer unserer Gruppe wurden damit beauftragt, die Scheune nachts zu bewachen und die Pferde vor allen Eindringlingen zu schützen. Zwei gut bewaffnete Personen galten als ausreichender Schutz für jede der acht oder zehn Nächte, die wir in dieser Gegend verbrachten. Eines Nachts wurden ein junger Mann aus unserer Gruppe und ich mit der Wache beauftragt. Er rüstete sich gründlich mit verschiedenen Waffenarten aus und war entschlossen, auf jeden Notfall vorbereitet zu sein. Ich vertraute auf ein schnellfeuerndes Hinterladergewehr.

Wir holten die Pferde aus der Prärie und führten sie gerade zur Scheune, als wir den Anführer unserer Gruppe trafen, einen Mann aus der mittleren Lebenshälfte, der die meisten Jahre bei den Indianern und im Großen Westen verbracht hatte.

Als er uns ansah, die in dieser Nacht die Pferde bewachen sollten, sagte er höhnisch:

„Queere Wachen sind Sie! Ich habe ein paar junge Indianer, die dir heute Abend jedes Pferd in der Menschenmenge vor der Nase wegnehmen könnten."

Verärgert über das höhnische Grinsen dieses Mannes, denn es war nicht das erste Mal, dass er versuchte zu verletzen, antwortete ich vielleicht mit zu viel Nachdruck:

„Herr – ich habe das beste Pferd in der Firma, und ich werde es Ihnen geben, wenn Sie oder irgendein lebender Indianer es zwischen Sonnenuntergang und Sonnenaufgang aus dieser Scheune stehlen kann."

Mein Kamerad und ich befestigten unsere Pferde sorgfältig an einer Seite der Scheune, wo sie bequem stehen oder sich nachts auf altes Prärieheu legen konnten. Dann untersuchten wir die Scheune. An einem Ende befanden sich die üblichen großen Doppeltüren, die breit und hoch genug waren, um einen mit Heu oder Garben beladenen Wagen durchzulassen. Am anderen Ende befand sich eine kleine Tür, die wir innen sicher befestigten. Anschließend untersuchten wir das Gebäude sorgfältig auf andere Eintrittspunkte, um sicherzustellen, dass es keine ausreichend großen Öffnungen gab, durch die sich selbst ein nackter Wilder hindurchzwängen könnte. Als wir mit unserer Untersuchung völlig zufrieden waren, sammelten wir eine Menge getrocknetes Heu und machten uns einige bequeme Sitze, von denen aus wir, ohne gesehen zu werden, die großen Endtüren kontrollieren konnten: Eine davon war innen mit einem Haken und einer Klammer befestigt, während die andere hatten nur den üblichen Holzriegel.

Während der langen, schönen Abenddämmerung gingen wir umher und unterhielten uns über verschiedene Themen, und als die Dunkelheit über uns hereinbrach, machten wir es uns auf unseren zugewiesenen Plätzen bequem und waren mit unseren Kutschen in der Hand tatsächlich Wachposten. Als die Aufregung des Anlasses nachließ, fühlte sich mein junger Begleiter, der noch im Teenageralter war, außerordentlich schläfrig. Ich sagte ihm, er solle sich ins Heu kuscheln und eine Weile schlafen gehen, und wenn es den Anschein einer Gefahr gäbe, würde ich ihn sofort wecken. Schon bald schlief er ruhig zu meinen Füßen. Er hatte mich großzügig gebeten, ihn zu wecken, wenn er etwa eine Stunde geschlafen hatte, und angeboten, meinen Platz einzunehmen. Ich dankte ihm und sagte: „Schlafen Sie, wenn Sie können; Heute Nacht ist jedoch keiner für mich da." – Ich erinnerte mich zu gut an diese spöttischen Worte und hätte nicht schlafen können, wenn ich es versucht hätte.

Während die Stunden langsam vergingen, musste ich an die seltsamen Übergänge der letzten Wochen denken. Keine sechs Wochen zuvor war ich Pfarrer einer großen Kirche in einer blühenden Stadt. Damals lebte ich in einem wunderschönen Zuhause mit allen Annehmlichkeiten und Annehmlichkeiten der Zivilisation um mich herum, wo die wachsamen Polizisten ihre Runden machten, während wir in Frieden und Sicherheit ruhten, ohne einen Gedanken an Gefahr; Jetzt war ich im äußersten Westen, weit weg von der Gesellschaft und den Annehmlichkeiten früherer Tage, auf den grenzenlosen Ebenen, wo Gefahren lauern und es gesetzlose, diebische Vagabunden gibt. Vor nicht allzu langer Zeit saß ich auf meiner eigenen Kanzel und predigte vor großen Gemeinden; Jetzt, in den ruhigen Stunden dieser Nacht, saß ich auf einem Bündel getrockneten Präriegrases in einer alten Scheune und verteidigte viele Pferde vor Pferdedieben. Das sind seltsame Verwandlungen. Das Leben ist wirklich ein Theaterstück, und wir Schauspieler wissen kaum, welche Rollen wir als nächstes übernehmen sollen.

So überlegte ich; Bub, still! Was ist das für ein Geräusch? Sicherlich kann es nicht sein, dass ein schlauer Pferdedieb in dieser wunderschönen sternenklaren Nacht so absichtlich kommt und versucht, an der Haupttür einen Eingang zu finden. Kein heimlicher Indianer, der sich mit Pferdediebstahl auskennt, würde seine Operationen auf diese Weise beginnen.

Aber es gibt trotzdem den Ton. Offensichtlich handelt es sich dabei um das Gefühl einer Hand für den Riegel.

Im Lager gab es strenge Anweisungen, dass sich niemand aus unserer Gruppe nach Einbruch der Dunkelheit der Scheune nähern dürfe. Hier war also ein Eindringling, der sofort erledigt werden musste, bevor er ziehen und schießen konnte.

Ich sprang auf, hob das Gewehr an meine Schulter und wartete, bis die Hand des Eindringlings den Riegel gefunden hatte. Dann schwang die Tür auf und da stand er; ein sehr großer Mann, klar umrissen in der sternenklaren Nacht.

Mein erster grimmiger Entschluss war, sofort zu schießen. Dann kam der Gedanke: „Es ist schrecklich, plötzlich eine Seele in die Ewigkeit zu schicken." Vielleicht ist er kein Pferdedieb. Vielleicht handelt es sich um einen einsamen Wanderer in der Prärie, der, als er diese alte Scheune sieht, vor dem schweren Tau in ihren Schutz fliehen möchte. Du hast ihn mit deinem Gewehr gedeckt; Selbst wenn er ein verzweifelter Pferdedieb ist, der auf Unheil aus ist, kann man ihn leicht fallen lassen, bevor er seine Waffen ziehen kann."

Diese Gedanken müssen mir sehr schnell durch den Kopf gegangen sein, denn der Mann hatte die Scheune noch nicht betreten, als ich mich für mein weiteres Vorgehen entschieden hatte.

Während ich ihn mit meinem Gewehr bedeckte und meine Hand am Abzug hielt, rief ich:

"Wer ist da?"

„Es ist nur Matthew. Sicherlich solltest du mich mittlerweile kennen."

Anstelle eines Feindes stolperte einer unserer jungen Freunde aus dem Lager in der Dunkelheit vorbei: ein Schullehrer, der auszog, um die Indianer in den Ebenen von Saskatchewan zu unterrichten.

Er tastete sich weiter und sagte: „Es ist schrecklich eng und heiß dort unten im Lager, und deshalb dachte ich, ich würde lieber kommen und den Rest der Nacht mit dir in der Scheune verbringen."

Dummer Kerl! Er wusste kaum, wie nahe er durch diesen direkten Befehlsverstoß daran gewesen war, sein Leben zu verlieren.

Als ich seine Stimme als Antwort auf meine Herausforderung erkannte und erkannte, wie nah ich daran gewesen war, einen unserer Trupps zu erschießen, überkam mich eine schnelle Reaktion, und ich ließ die Waffe fallen und sank zitternd wie ein Blatt zurück.

Nachdem er lange geplaudert hatte, ließ er sich schließlich im Heu nieder und schlief ein, ohne die geringste Ahnung von dem Risiko zu haben, das er eingegangen war, oder von der Rolle, die ich bei dem gespielt hatte, was einer Tragödie so nahe kam.

Ich setzte meine Wache fort, bis ich bei Sonnenaufgang abgelöst wurde, und übergab dann zusammen mit meinem Kameraden alle Pferde wohlbehalten an diejenigen, deren Pflicht es war, sie zu bewachen, während sie in der Prärie grasten.

Als ich den Leitern unseres Unternehmens den Besuch in der Scheune meldete, gab es eine Zeit lang Streit. Der gutmütige Straftäter war Gegenstand heftiger Schelte, die er mit gelassener Haltung ertrug. Da er 1,80 Meter groß war, wurde keine körperliche Züchtigung vorgenommen; es war auch nichts nötig; Er hatte so große Angst, als er hörte, wie er mit dem Finger am Abzug im Schutz meines Gewehrs gestanden hatte.

Kapitel Zwei.

Auf dem Indianerpfad.

Wir werden die Routen, die ich auf meinem großen Missionsfeld bereiste, „Indianerpfade" nennen; Doch manchmal erwies sich der Name als unpassend, denn oft gab es über Dutzende von Meilen hinweg nicht die geringste Spur eines Weges oder Weges. Dies lag daran, dass es im Sommer so wenig Reisen gab, die einen klar definierten Weg ergeben hätten, denn zu dieser Jahreszeit zogen es die Indianer vor, die herrlichen und zahlreichen Seen und Flüsse zu nutzen, die es ihnen ermöglichten, sehr leicht mit dem Kanu dorthin zu reisen fast jede Richtung.

Wenn man also gezwungen war, die kurzen Abschnitte des sogenannten „Indianerpfades" zu bereisen, ist es nicht verwunderlich, dass sich der Missionar manchmal verirrte und sehr zum Vergnügen gesucht und gefunden werden musste die Indianer, die die Jagdgesellschaft bildeten.

„Guter Missionar, aber er hat die Spur verloren." Mehr als einmal wurde ich von meinem klugen und erfahrenen indischen Kanufahrer so angesprochen, mit dem ich jeden Sommer Hunderte von Meilen in entlegene Regionen reiste, um die armen Schafe der Wildnis zu finden, denen ich das herrliche Evangelium des Sohnes Gottes predigen konnte . Diese Sommerrouten führen durch viele Seen und rauschende Flüsse voller Stromschnellen und Katarakte. Im Allgemeinen waren zwei geschickte indische Kanuten meine Begleiter, von denen einer „der Führer" genannt wurde.

Die Indianer, die wir suchten, zogen auf natürliche Weise von ihren Jagdgebieten in den Wäldern an die Ufer der Seen und Flüsse, um der Fische willen zu sein, die trotz der Sommermonate leicht zu fangen waren und die sie dann ausmachten ihr Hauptnahrungsmittel. Das Ergebnis war, dass wir im Winter mit unseren Hundezügen überall hinfahren konnten – der schreckliche Eiskönig fror alles fest, von den Seen und Flüssen bis hin zu den großen bebenden Mooren –, dass wir uns im Sommer auf die Fahrten beschränkten, die das konnten konnte nur durch das Birkenrindenkanu erreicht werden: Auf keine andere Weise konnte das Evangelium, das er diesen Menschen brachte, vermittelt werden. Nachdem wir uns an das Kanu und die Hundebahn gewöhnt hatten, freuten wir uns darüber, dass wir für würdig erachtet wurden, die Botschafter der frohen Botschaft für diese Vernachlässigten zu sein, die, nachdem sie den Glauben an ihr altes Heidentum verloren hatten, sich nach etwas Besserem sehnten.

Eines Sommers in den ersten Jahren meines Missionarslebens, als ich nur wenig Erfahrung mit den Reisemethoden des Nordens hatte und ein Neuling darin war, mich auf einem unbekannten Pfad zurechtzufinden, unternahm ich eine Reise, an die ich mich noch genau erinnere; Zum Teil wegen der Schwierigkeiten, die ich hatte, wenn ich alleine auf dem Weg war, und zum Teil wegen der Gefahren, denen ich ausgesetzt war, als ich ihn verlor.

Mein Birkenkanu war gut. Es wurde speziell für Stromschnellen entwickelt und war so leicht, dass ein Mann es bei Bedarf problemlos auf dem Kopf tragen konnte. Als Begleiter hatte ich zwei sehr tüchtige indische Kanuten. Einer von ihnen hatte diese Route noch nie zuvor zurückgelegt, und der andere, den wir aus Höflichkeit „unseren Führer" nannten, war diesen Weg nur einmal gereist – und das mehrere Jahre vor dem Datum dieser Reise.

Alle arbeitsfähigen Männer meiner Mission, mit Ausnahme dieser beiden, dienten der Hudson Bay Company als Wanderarbeiter, was der Grund dafür war, dass ich keine Männer finden konnte, die mit der langen Route besser vertraut waren. Entweder musste ich diese Männer mitnehmen und ein großes Risiko eingehen, oder ich musste ein weiteres Jahr warten, um das Evangelium zu den Hunderten zu bringen, die es noch nie gehört hatten und die mich flehend aufgefordert hatten, zu kommen und ihnen zu sagen, was der Große Geist sei sagte in seinem Buch. Nach vielen Gebeten beschloss ich, im Vertrauen auf Gott und diese Männer die Reise anzutreten.

Das Land, durch das wir reisten, war eines der rauesten und wildesten in diesem trostlosen, trostlosen Land. Die Bäche waren so voller Stromschnellen, dass wir ständig Portagen machen mussten. Das war eine langsame und mühsame Arbeit. Unser Vorgehen war ungefähr so: Sobald wir feststellten, dass die Strömung zu schnell war, um sicher zu sein, oder dass wir starke Stürze hörten, gingen wir an Land und entluden schnell unser Kanu; William, der Führer, hob es leicht auf seinen Kopf und verschwand bald im Wald, wobei er, wo immer möglich, parallel zum reißenden Bach lief und eine Stelle erreichte, unter der das Wasser wieder schiffbar war. Peter, mein anderer Indianer, machte so schnell wie möglich ein großes Bündel aus unseren Decken, Kesseln und Vorräten, und mit diesem auf dem Rücken, gestützt von einem Tragegurt um die Stirn, folgte er schnell der Spur, die William gemacht hatte; Mir wurde die Aufgabe übertragen, die Waffen, Munition, Wechselkleidung und Geschenke sowie Bibeln für die Indianer zu tragen, die wir besuchen wollten. Obwohl meine Ladung nicht annähernd so schwer war wie die meiner treuen Kanufahrer, war ich auf dem Weg völlig außerstande, mit ihnen mitzuhalten. Wenn Indianer so beladen sind, gehen sie nie: Sie scheinen in einem schwingenden Trab dahinzugleiten, der sie sehr schnell über den Boden trägt. Ein weißer Mann, der dieses Tempo nicht gewohnt ist, wird sehr bald zurückgelassen. Das war meine Erfahrung. Alles, was ich tun konnte, war, mich tapfer unter meiner Last fortzuschleppen, die ständig durcheinander geriet und so zu Verzögerungen führte.

Aber mein größtes Problem bestand darin, die Spur zu behalten. Es gab absolut keinen Weg. Die gesamte Spur wurde von meinen beiden Indianern angelegt, und Indianer werden darauf trainiert, so wenig Spuren wie möglich von ihren Bewegungen zu hinterlassen. Deshalb war ich oft verloren. Zu Beginn des Transports würde ich mutig meine Last auf mich nehmen und mich bemühen, im Blickfeld meiner Männer zu bleiben. Dies erschien mir jedoch völlig unmöglich. Eine scharfe Kurve zwischen den Felskämmen oder ein Sprung in den dichten, dunklen Wald, und sie verschwanden aus meinem Blickfeld. Dann begann meine Verwirrung. Wenn der Weg, wie es manchmal vorkam, durch Schlamm oder Schilf und Binsen führte, konnte ich ihnen im Allgemeinen darin folgen; aber wie es häufiger vorkam, führte der Weg über felsige Bergrücken oder durch dichte Wälder, manchmal kilometerweit, und ich war oft völlig verwirrt und verloren.

Das Problem bestand zunächst darin, dass ich, weil ich zu ratlos war oder zu wenig wusste, was der sicherere Weg wäre, mein Tempo beschleunigte und weitereilte – irgendwohin. Immer weiter stolperte ich unter meiner schweren, unbeholfenen Last, bis mir der Schweiß wie Regen von der Stirn lief und mein Rücken schmerzte. Als ich so eilte, wurde ich mehr als einmal von einem wilden Tier erschreckt, das mit einem Schnauben oder Knurren vor mir davonrannte. Dadurch wurden meine Schritte nur noch schneller, und jetzt voller Angst eilte ich weiter, bis ich völlig erschöpft und erschöpft meine schweren Lasten abwarf und erschöpft auf den nächsten Felsen oder Baumstamm sank. Vielleicht war ich in meiner Unwissenheit und Perversität weit weggewandert, sogar in eine entgegengesetzte Richtung, als ich hätte einschlagen sollen.

Es war ein Glück für mich, dass ich solche Männer zu meinen Kameraden hatte. Ich kannte ihren Wert und ihre Loyalität sowie ihre Fähigkeit, mich schnell zu finden. Sobald sie das Ende des Transports sicher erreicht hatten, würden sie auf meine Ankunft achten. Wenn ich über die ihrer Meinung nach ausreichende Zeit hinauszögerte, machten sie sich auf den Hinterweg und suchten nach mir. Mit dem untrüglichen Instinkt, den so viele von ihnen im Holzhandwerk besitzen und der mir immer vollkommen wunderbar vorkam, fanden sie bald heraus, wo ich vom Weg abgekommen war. Von diesem Zeitpunkt an hatten sie nicht die geringste Schwierigkeit, mir zu folgen und mich zu finden. Ohne mich zu tadeln, aber vielleicht mit einem mitleidigen Blick und einer leisen Äußerung, die wie „Guter Missionar, aber er hat die Spur verloren" klang, nahmen sie schnell meine Lasten auf und führten mich sicher zu unserem wartenden Kanu. Alles, was ich bei mir tragen musste, war vielleicht das Buch, das ich bei mir hatte, und dessen Lektüre es mir ermöglichte, die Stunden, die oft vergingen, bis meine treuen Männer mich fanden, gewinnbringend zu verbringen.

Wir lebten nur von dem, was wir schießen konnten, da es unmöglich war, zusätzliche Vorräte in einem Birkenkanu mitzunehmen. Das Glück eines Jägers ist selbst in einem Wildland sehr unterschiedlich, und wir hatten zumindest Abwechslung auf unserer Speisekarte. Da es in diesen wilden Regionen immer noch viele Schwarzbären gibt, haben wir manchmal Bärensteaks auf der Kohle gegrillt oder Rippchen auf einem Spieß geschleudert und vor dem Feuer schön gebräunt. Wenn meine Kanufahrer Zeit hatten, die Füße des Bären zuzubereiten und zu kochen, waren sie ein ziemlicher Luxus. Tatsächlich sind die drei großen Luxusgüter, die von den Bewohnern dieses Landes besonders geschätzt werden, der Schwanz des Seeräubers, die Nase des Elchs und die Pfoten des Bären. Auf diesen Kanufahrten wurde nur selten ein Reh geschossen, es sei denn, es befand sich im hohen Norden, wo gelegentlich ein Reh beim Schwimmen weit außerhalb des Landes in einem großen See erwischt wurde. Wenn jemand auf diese Weise getötet wurde, gab es natürlich reichlich Nahrung, aber wir konnten so wenig davon mitnehmen, dass der größere Teil zurückgelassen werden musste, um von Wölfen, Vielfraßen oder anderen wilden Tieren gefressen zu werden. Doch als wir all dieses Fleisch auf der Spur ließen, kamen uns die Worte des Psalmisten in den Sinn:

„Er gibt dem Tier seine Nahrung und den jungen Raben, die schreien." Vielleicht dienten wir nur der Verwirklichung Seiner großen Absichten, als wir all diese Nahrung einigen Seiner Geschöpfe überließen, denen „Er ihr Fleisch zur rechten Zeit gibt."

Gelegentlich wurden Wildenten, Gänse und andere Wasservögel geschossen, die für uns die schmackhafteste Nahrung darstellten, ebenso wie die Biber, Wildkatzen und Bisamratten.

Unsere Nächte verbrachten wir dort, wo die Reise des Tages endete. In fast allen Ländern können Missionare im Allgemeinen eine menschliche Behausung finden, in der sie ihr Essen besorgen oder zubereiten und die Nacht verbringen können. Als Kind hörte ich mit großem Interesse zu, wie mein geliebter Vater, der viele Jahre lang ein Pioniermissionar in den damals sogenannten Wildnisgebieten Oberkanadas gewesen war, von seinen Abenteuern erzählte. Er hatte viele Strapazen und Gefahren zu bewältigen, aber ich erinnere mich, dass er immer sagte, dass er im Allgemeinen die bequeme Blockhütte eines freundlichen Siedlers finden könne, um dort die Nacht zu verbringen. Der Weg im wilden Nordland führt durch Landstriche mit einer Ausdehnung von Tausenden von Kilometern, in denen es nicht einmal ein Leder-Tipi oder ein Wigwam aus Birkenrinde zu finden gibt, geschweige denn ein Haus. Das Ergebnis war, dass wir bei solchen Reisen das Nächstbeste tun mussten, nämlich an der Stelle zu campen, an der uns die Nacht einholte. Natürlich waren wir auf der Suche nach einem möglichst komfortablen Platz, den es zu finden gab. Ein glatter, trockener Granitstein für unser Bett und trockenes Holz, mit dem wir unsere Feuer machten, an denen wir unser Essen kochten und unsere Kleidung trockneten, galten schon immer als die wesentlichen Voraussetzungen für ein komfortables Lager. Warme Tage wechselten sich mit feuchten und kühlen ab, aber die Nächte waren im Allgemeinen kalt. Das helle, warme Lagerfeuer wurde nach einer Tagesreise von sechzig Meilen auf dem Wanderweg immer mit großer Freude begrüßt. In der Tat sind die Erinnerungen an glückliche, erholsame Stunden angenehm, wenn die gute, ehrliche Arbeit des Tages erledigt und die Zeit der Ruhe wohlverdient war. Nach dem herzhaften Abendessen und den Gebeten war es für jeden ein Luxus, seine verkrampften Glieder vor einem herrlichen Lagerfeuer am felsigen Ufer eines großen Flusses oder malerischen Sees ausstrecken zu können. Dann war der Versuch, auch nur einen Lieblingsautor zu lesen, nicht immer ein großer Erfolg. Es erschien mir angenehmer, einfach nur da zu liegen und zu sinnieren und dem Ende des Tages zuzuschauen, während die Helligkeit allmählich aus dem westlichen Himmel verblasste und die Sterne auf ihre bescheidene Art, einer nach dem anderen, in bewusste Sicht traten, bis das Ganze endete Der Himmel wurde von ihrem Glanz erleuchtet. Die einzigen Geräusche waren das Brüllen des fernen Katarakts, die Musik des fließenden Baches, das Plätschern der Wellen zu unseren Füßen, das in manchen Nächten durch den gelegentlichen Schrei eines wilden Vogels oder Tieres aus den Bäumen des umliegenden Waldes unterbrochen wurde. Die ruhigen, malerisch gekleideten Männer in ihrer statuarischen Haltung trugen wesentlich zur Attraktivität der Umgebung bei.

Dann lagen uns nachts sehr am Herzen und passend die Worte des Psalmisten: „Die Himmel verkünden die Herrlichkeit Gottes, und das Firmament zeigt sein Werk." und: „Wenn ich deine Himmel als das Werk deiner Finger betrachte, den Mond und die Sterne, die du bestimmt hast; Was ist der Mensch, dass du seiner gedenkst, und der Menschensohn, dass du ihn besuchst?"

Aber die Nächte, die man auf dem Indianerpfad verbrachte, waren nicht immer so herrlich oder so förderlich für erhabene und himmlische Gefühle. Als die Zyklonwinde in den langen Nachtstunden um uns herum heulten und so heftig wehten, dass es all unsere Wachsamkeit und Kraft erforderte, zu verhindern, dass Kanus, Decken und Bündel in den See oder Fluss geweht wurden, waren unsere Gedanken nicht bei den Sternen . Manchmal zogen sich schwarze Gewitterwolken zusammen, und der Regen fiel in Strömen auf uns herab, löschte unsere Feuer, vielleicht bevor unser Abendessen gekocht war, durchnässte uns völlig und hielt manchmal so lange an, dass wir tagelang keinen trockenen Stich auf uns hatten. Unter solchen Umständen hatten wir, während wir ein paar Liter Wasser aus unseren Kleidern oder aus den Decken, in denen wir geschlafen hatten, sprudelten, keine Lust, über das

Plätschern der Wellen am Ufer oder den fernen Wasserfall zu sentimentalisieren.

Daher war es sowohl im Sturm als auch im Sonnenschein notwendig, dass der Missionar und seine treuen Kanuten auf der Spur waren, wenn das Buch getragen und seine herrlichen Wahrheiten den umherziehenden Menschen in ihren Wigwam-Häusern in so abgelegenen Regionen verkündet werden sollten so unzugänglich, dass sie in den kurzen Sommermonaten auf keine andere Weise erreicht werden konnten. Doch trotz aller Schwierigkeiten und Gefahren wurden sie durch die erzielten Ergebnisse mehr als wettgemacht. Körperliche Leiden sind nicht der Aufzeichnung wert, wenn bei der Bekehrung unsterblicher Seelen, für die der Erretter gestorben ist, erfolgreiche Arbeit geleistet wurde. Es gab viele gewonnene Trophäen und wunderbare Veränderungen, die diese schwierigen Reisen auf dem Indianerpfad mit sich brachten. Die Missionare, von denen sich noch immer viele abmühen, freuen sich darüber, dass sie für würdig erachtet werden, solche Härten zu ertragen und „in vielen Gefahren" zu sein für seine Ehre und für die Erlösung derer, für die er gestorben ist.

Was einige bleibende Ergebnisse dieser abenteuerlichen Reisen betrifft, so werden hier ein oder zwei Vorfälle aufgezeichnet.

Auf diesen langen Reisen hatte der Missionar in der Regel eine kleine Auswahl an Medikamenten bei sich. Er wusste genau, dass manch ein verhärtetes Herz durch die Heilung eines leidenden Familienmitglieds erreicht und manch ein Vorurteil überwunden werden konnte, wenn alle anderen Mittel, sie zum Guten zu beeinflussen, vorerst versagt hatten.

In einem abgelegenen heidnischen Dorf lebte ein Mann, der sich entschieden geweigert hatte, Christ zu werden. Als er dazu gedrängt wurde, das Christentum anzunehmen, hatte er mit Nachdruck den unter ihnen am häufigsten vorkommenden Ausdruck wiederholt: „Wie meine Väter lebten und starben, so werde ich es auch tun."

Eines Tages kam er in einem Zustand großer Verwirrung zu mir, und nachdem er über mehrere Dinge gesprochen hatte, erwähnte er die Dankbarkeit, die in seinem Herzen sei, weil ich seine Frau geheilt habe, die schon lange krank gewesen war. Die Art und Weise, wie er sich ausdrückte, zeigte jedoch die große Unwissenheit, in der er lebte. Seine Worte waren ungefähr diese und wurden mit größtem Nachdruck ausgesprochen:

„Missionar, meine Frau war lange krank. Ich ging zum Medizinmann meines Volkes, um sie zu heilen. Er versuchte es und versuchte es, aber er konnte ihr nichts Gutes tun. Dann kam ich zu dir und deine Medikamente haben sie geheilt, und sie wurde bald wieder gesund. Deshalb glaube ich, dass Ihre Religion besser sein muss als unsere, da Ihre Medizin stärker ist als die der

Medizinmänner unserer Religion. Meine Frau und ich haben darüber gesprochen, und wir möchten Ihnen zu Füßen sitzen und etwas über diesen neuen Weg lernen."

Natürlich war in seinem Kopf vieles falsch, und ich musste mich wörtlich erklären und ihn aufklären, bevor ich beginnen konnte, ihn die Wahrheiten des Evangeliums zu lehren. Allerdings hatte ich sein Herz gewonnen, und das war die halbe Miete. Er und seine Frau waren nun für die Wahrheit empfänglich und nahmen sie gerne an. Sie wurden aufrichtige und ernsthafte Christen und wurden sowohl zum Segen als auch zum Segen für ihr Volk.

Es gab einen großen Jäger, der einen einzigen Sohn hatte. Er hatte eine Reihe Töchter, aber sie waren in seinen Augen nichts im Vergleich zu seinem kleinen Jungen. Eines Tages wurde das Kind krank und in großer Eile wurde nach dem Medizinmann des Stammes geschickt, einem berühmten alten Zauberer namens Tapastanum. Er verfügte über einige Kenntnisse über Wurzeln und Kräuter, gab aber wie die anderen Zauberer seiner Nation vor, sich bei der Erzielung seiner Heilungen auf seine Beschwörungen und Beschwörungen zu verlassen. Mit großer Zeremonie holte er seine heilige Medizintasche, seine Amulette sowie Rassel und Trommel hervor. Dann kleidete er sich auf die abscheulichste Art und Weise und begann seine wilden Beschwörungen. Er heulte und schrie, er schüttelte seine Rassel und schlug seine Trommel. Alles war jedoch umsonst. Mit den Tagen ging es dem Kind immer schlechter. Als der Vater sah, dass keine Besserung eintrat, war er zutiefst beunruhigt und verlor jeglichen Glauben an die Macht Tapastanums. Da er jedoch fürchtete, ihn zu beleidigen, schenkte er ihm Tee und Tabak und sagte ihm, dass er sich nicht die Mühe machen müsse, wiederzukommen. Bis zu diesem Zeitpunkt hatte er sich geweigert, auf die Lehren des Missionars zu hören. Er war in seinem Widerstand gegen die Verkündigung des Evangeliums unter seinem Volk lautstark und beinahe verfolgend gewesen und hatte sich geweigert, dorthin zu kommen, wo sich die freundlichen Indianer unter den Bäumen versammelten, um das Wort vorlesen und erklären zu hören.

Allerdings war er wie ein Indianer sehr aufmerksam gewesen, und es war ihm nicht entgangen, dass sein blasses Gesicht einige Heilungen bewirkt hatte, die für die einheimischen Medizinmänner zu schwierig gewesen waren. Als er sah, dass es seinem kleinen Jungen trotz aller Schreie und Possen des Zauberers immer schlechter ging, kam er, nachdem er ihn entlassen hatte, zum Missionar, und zwar in einem Ton, der ganz anders war als der, den er hatte Als er zum ersten Mal benutzt wurde, flehte er ihn fast an, zu kommen und seinen kleinen Jungen zu retten.

„Ich werde mein Bestes geben", sagte der Missionar, der dankbar war für die Gelegenheit, vielleicht seine Freundschaft zu gewinnen und ihn ans Kreuz zu führen.

Als er den Jungen untersuchte, stellte er fest, dass es sich um eine schwere Entzündung handelte, und so sagte er dem Vater offen, dass es schwer sei zu sagen, ob er ihn heilen könne, da die Krankheit schon so lange andauere, aber er würde es schaffen gibt gerne sein Bestes. Der indische Vater drängte ihn, sofort alles Mögliche zu tun, um seinen Jungen zu retten; Er sagte, dass er sich sehr freuen würde, wenn sein Kind genesen würde, und dass er dem Missionar keine Vorwürfe machen würde, wenn er sterben würde.

Es wurden umgehend Abhilfemaßnahmen ergriffen, und mit Gottes Segen und sorgfältiger Pflege erholte sich das Kind, sehr zur Freude des Vaters.

Nicht lange danach, als der Missionar die Menschen zum Gottesdienst versammelte, war er erfreut, an einem fernen Baum gelehnt den einst störrischen alten Indianer zu sehen, dessen Sohn geheilt worden war. Es war offensichtlich, dass er gespannt darauf war, zu hören, was der Missionar, der seinen Jungen geheilt hatte, zu sagen hatte, und dennoch war er immer noch zu stolz, um sich zu den freundlichen Indianern zu setzen, die begierig darauf waren, etwas über die Botschaft des Großen Geistes zu erfahren hatte zu den Menschen geschickt. Also ging er einen Kompromiss ein, indem er eine Position am Rande des Publikums einnahm.

Glücklicherweise verfügte der Missionar über eine starke, klare Stimme, sodass er ohne erkennbare Anstrengung die Geschichte der Liebe Gottes in Jesus Christus in einem Ton erzählte, den jeder deutlich hören konnte, selbst der entfernte Jäger, der am Baum lehnte.

Sehr aufmerksam hörte dieser Indianer allem zu, was gesagt wurde, und war so interessiert, dass er beim nächsten Gottesdienst an einem Baum stand, der dem Redner deutlich näher stand. Beim nächsten Gottesdienst war er inmitten der Zuhörerschaft, und ein paar Wochen später stand er am Kreuz, ein glücklicher bekehrter Mann.

Es war interessant und erfreulich, seinen späteren Entschuldigungen und Vorwürfen zuzuhören, weil er hartnäckig gegen das war, worüber er sich jetzt so sehr freute. Unter anderem würde er sagen:

„Aber Missionar, Sie wissen, dass ich so dumm und stur war. Ich war damals blind und taub; Aber jetzt habe ich mir den Staub aus den Augen gerieben und das Moos aus meinen Ohren gezogen, sodass ich jetzt klar sehe und gut höre. Damals konnte ich nur harte Dinge gegen das Buch sagen, von dem ich dachte, es sei nur für den weißen Mann, aber jetzt habe ich herausgefunden, dass es für jeden da ist, und ich liebe es, über die guten Dinge nachzudenken und zu reden, die es gebracht hat uns."

Vor vielen Jahrhunderten prophezeite Jesaja:

„Dann werden die Augen der Blinden aufgetan und die Ohren der Tauben aufgetan werden;

„Dann wird der Lahme hüpfen wie ein Hirsch, und die Zunge des Stummen wird jubeln;

„Denn in der Wüste werden Wasser brechen und Bäche in der Wüste."

Hier in diesem wilden Land im Norden, wie Gott sei Dank auch auf vielen anderen Missionsgebieten, wurde und wird diese herrliche Prophezeiung im wahrsten Sinne des Wortes erfüllt. Augen, die lange geistig geblendet waren, sind jetzt offen, um das gesegnete Licht zu sehen, taube Ohren wurden geöffnet und hören nun seine liebevolle Stimme, und Zungen, die durch seine Macht gelöst wurden, lassen die Wildnis mit seinem Lob erklingen.

Kapitel drei.

Praktische Arbeit in indischen Häusern.

Seit der Öffnung des Herzens Afrikas, durch den unbezähmbaren Mut und Eifer von Männern wie Speke und Moffat, Baker und Livingstone, Stanley und Cameron, Bishop Taylor und anderen, ist vielleicht einer der am wenigsten bekannten Teile dieses bewohnbaren Globus der nördlicher Teil des großen Dominion Kanadas. Die Entdeckung der reichen Goldminen im großen Yukon-River-Gebiet – die weitaus größere Anzahl liegt auf kanadischem Territorium – lenkt die Aufmerksamkeit auf diesen Teil des bisher unbekannten nordwestlichen Teils des großen Dominion und wird zweifellos zu seiner Entstehung führen besser bekannt.

Es ist wahr, dass es weite Regionen dieses großen Landes gibt, die für zivilisierte Menschen als Heimat nur von geringem Wert sind. Dennoch gibt es Hunderte Millionen Hektar Land, das so fruchtbar ist wie kein anderer auf der Welt, und jedes Jahr strömen Tausende von Menschen herbei, um Besitz von einem Gebiet zu ergreifen, das zu einem der größten Weizenanbaugebiete der Welt werden wird.

Von Osten nach Westen verläuft durch das Dominion die große Canada Pacific Railway, die längste der Welt. Diese große Straße hat nicht nur das lange Schweigen der Wildnis gebrochen und den großartigsten Weg in den Orient eröffnet, sondern auch die Indianer in ihrem Rückzugsort in der Prärie und im Wald verunsichert; Es hat nicht nur den Handel in ihre Wigwam-Dörfer gebracht, sondern auch den Missionar mit der Bibel bis vor ihre Haustür.

Aber nördlich dieser neuen Provinzen, in denen das Pfeifen des eisernen Pferdes zu hören ist, liegen weite Regionen, die ebenso frei von den Einfällen abenteuerlustiger Pioniere sind wie die Wüste der Sahara. Dies ist ein Land mit herrlichen Seen und Flüssen und einem unermesslichen Fischreichtum. In den ausgedehnten Wäldern und Sümpfen wimmelt es von Pelztieren von großem Wert. Bären und Wölfe, Rentiere und Elche und viele andere Tiere, die die Indianer gerne jagen, gibt es in großer Zahl.

Die Indianerstämme dieser nördlichen Regionen leben ausschließlich von der Jagd und dem Fischfang. Sie sind nicht kriegerisch wie die Stämme der großen Prärien, aber in ihrem heidnischen Zustand haben sie viele abscheuliche und abscheuliche Praktiken, die zeigen, dass sie genauso schlecht sind wie diejenigen, die sich am Krieg erfreuen und das Evangelium ebenso sehr brauchen.

Missionare verschiedener Konfessionen sind in diese abgelegenen Regionen gegangen, haben inmitten vieler Entbehrungen gelebt und ihr Leben dem gesegneten Werk der Christianisierung und anschließenden Zivilisierung dieser lange vernachlässigten Menschen gewidmet. Sie haben nicht umsonst gearbeitet. Tausende haben ihrem Heidentum abgeschworen und sind ernsthafte, echte Christen geworden. Das Missionsleben in einem solchen Land und unter einem solchen Volk unterscheidet sich, wie man sich gut vorstellen kann, sehr von dem in anderen Ländern.

Da diese Missionsgebiete in so hohen Breiten liegen, ist der Winter sehr lang und streng. Daher müssen die Wohnungen, um überhaupt komfortabel zu sein, sehr warm gebaut sein. In diesem Land gibt es keinen Kalkstein und folglich auch keinen Kalk. Als schlechter Ersatz wird Schlamm verwendet. Die Häuser sind mit einem Fachwerk aus Kanthölzern gebaut, das gut abgeholzt ist und dessen Ritzen gut mit Moos und Schlamm gefüllt sind. Wenn dieser vollständig getrocknet und so luftdicht wie möglich gemacht ist, wird das Gebäude mit Schindeln verkleidet und mit Nut- und Federbrettern verkleidet. Um die bittere Kälte draußen zu halten, werden Doppelfenster eingesetzt. Wenn sie gut gebaut und gepflegt werden, sind einige dieser Häuser recht komfortabel; ganz anders als die elenden, unbequemen Unterkünfte, in denen einige der frühen Missionare gerne lebten.

Da es in diesen Regionen überall große Wälder gibt, wird Holz anstelle von Kohle als Brennstoff verwendet. Große Kastenöfen werden von Oktober bis Mai Tag und Nacht glühend heiß gehalten.

Die von den Missionaren verwendete Nahrung war die gleiche wie die, von der die Indianer lebten. Mehl war nahezu unbekannt. Fisch und Wild dienten fast allen als Lebensunterhalt. Es ist wahr, dass vor vielen Jahren die großen Saskatchewan-Brigaden mit riesigen Mengen Pemmikan und getrocknetem Büffelfleisch nach Norwegen kamen, um ihre Häuser und Fabriken in York zu beladen. Aber die großen Büffelherden sind längst ausgerottet, und der berühmte Pemmikan ist nur noch eine Erinnerung an die Vergangenheit. Das letzte Mal, dass ich die Kaianlagen des Postens der Hudson Bay Company in Norway House voller Säcke mit Pemmikan sah, war im Jahr 1871. Bei diesem Pemmikan handelte es sich um zerstampftes Büffelfleisch, das mit Talg vermischt und in großen Säcken aus grünen Häuten konserviert wurde die geschlachteten Tiere und war das Futter, das für einige Monate im Jahr Abwechslung in unsere Fischernährung brachte. Es war gesund und nahrhaft für Menschen mit gutem Appetit und intakten Verdauungsorganen; Aber für diejenigen, die nicht auf diese „Art" geboren wurden oder ihr Leben lang nicht daran gewöhnt waren, schien es, ob gekocht oder roh, mehr der Natur von Seifenfett zu ähneln als von irgendetwas Verlockenderem. Cut it ist nicht mehr zurückgekehrt: sehr zur Zufriedenheit einiger und zum Bedauern anderer.

Meine indischen Fischer und ich fingen jedes Jahr im Oktober und November etwa zehntausend Weißfische in Kiemennetzen. Diese haben wir auf großen Bühnen aufgehängt, wo sie steinhart erstarrten. Ein paar Hundert packten wir in Schnee und Eis ein, um sie im darauffolgenden Mai zu verwenden, als diejenigen, die auf den Bühnen verblieben waren, unter den Auswirkungen der Frühlingswärme zu leiden begannen. Diese zehntausend Fische wurden von der Familie des Missionars und seinen Hunden benötigt: Die treuen Hunde, von denen so viel verlangt wurde, lebten ständig von ihnen, während die Familie des Missionars sie sechs Monate lang einundzwanzig Mal pro Woche auf dem Tisch hatte .

Im Winter hatten wir bestimmte Wildarten, die ich erschoss oder die die indianischen Jäger mitbrachten und bei uns gegen Tee, Zucker, Baumwolle, Waschlappen oder andere Dinge eintauschten. Der gesamte Handel wurde durch Tauschhandel abgewickelt, da es damals im Land kein Geld gab. In den Frühlings- und Sommermonaten bekamen wir gelegentlich eine Wildgans oder ein paar Enten, die sich als akzeptable Ergänzung zu unserem Speiseplan erwiesen.

Ein- oder zweimal im Sommer holten uns die Boote der Hudson Bay Company – der großen Handelsgesellschaft des Landes – unsere jährlichen Vorräte aus der Zivilisation. Diese bestanden aus: ein paar Säcken Mehl, einem Fass Bolster, einer Dose Kohleöl, Tee, Zucker, Seife und Medikamenten. Sie brachten auch eine Auswahl einfacher, aber guter Kleidungsstücke und Trockenwaren mit, die wir in unserem eigenen Haushalt brauchten und mit denen wir auch die Indianer bezahlten, die wir als Fischer, Hundeführer, Kanufahrer oder Führer anheuern mussten meine langen Reisen über das große Missionsfeld, das mehrere Hundert Quadratkilometer groß war.

Aufgrund der Krankheit und der schrecklichen Armut der Menschen wurden wir so oft angerufen, dass unser kleiner Mehlvorrat oft bald aufgebraucht war. Andere Luxusgüter folgten schnell, und so ist das Missionsheim, denn in den Wigwams der Eingeborenen war Fisch, Fisch, Fisch das Hauptnahrungsmittel.

So viele haben sich gefragt, wie Frau Young und ich es geschafft haben, so lange zu leben und zu gedeihen und unsere Gesundheit und unseren Geist aufrechtzuerhalten, und zwar mit einer fast ausschließlichen Fischdiät, dass ich hier den Plan darlegen werde, den wir verfolgten.

Wir waren bei guter Gesundheit und von unserer Arbeit begeistert und dankbar. Wir hatten beide so viel zu tun und waren entweder in unserem eigenen gemütlichen kleinen Blockhaus oder draußen unter den Indianern sehr beschäftigt, dass unser Appetit im Allgemeinen sehr gut war und wir für unsere Mahlzeiten bereit waren, sobald sie fertig waren uns. Dennoch erwies sich die Monotonie der unveränderlichen Fischdiät manchmal als zu viel für uns. Wir würden vielleicht am Frühstückstisch sitzen, keiner von uns hätte Appetit auf den Fisch vor uns. Wir nippten an unseren Tassen Tee, ohne offensichtlich zu bemerken, dass der Fisch ungeprüft war, und unterhielten uns über unsere Pläne für den Tag.

„Meine Liebe", würde ich sagen, „was wirst du heute tun?"

„Ich werde Kennedy meine Hunde anspannen lassen und mich den Fluss hinauf zum Playgreen Point fahren lassen, um zu sehen, wie es dieser alten kranken Frau geht, und ihr die warme Decke bringen, die ich ihr versprochen habe. Ich werde auch anhalten, um zu sehen, wie es diesen kranken Babys geht und wie es Nancys kleinen Zwillingen gut geht. Am Nachmittag möchte ich nach York Village fahren und Oosememous kranke Frau sehen – Wie sieht Ihr Tagesprogramm aus?"

Auf die Frage meiner lieben Frau würde ich folgendermaßen antworten:

„Als zunächst bekannt wurde, dass die Wölfe unser Fischgehege besucht haben, haben Martin Papanekis und ich vereinbart, mit den Hunden dorthin zu fahren, um das Ausmaß des Schadens zu sehen. Es kann sein, dass wir einige Stunden aufgehalten werden, was den Ort so stark macht, dass sie bei einem erneuten Besuch, was wahrscheinlich ist, nicht in der Lage sein werden, den Fisch zu erreichen. Dann werden wir den Rest des Tages in dieser Gegend verbringen, die Nachbarn besuchen und mit ihnen beten."

Nachdem wir unseren Tee getrunken hatten, beteten wir und begannen bald darauf, die Programme des Tages auszuführen.

Mehrere Winter lang hielten wir für unsere vielfältigen Aufgaben eine Reihe von Hunden. Frau Young und ich hatten beide unsere Lieblingshundezüge. Die Indianer lebten so weit verstreut, und aus so unterschiedlichen Gründen blickten sie auf uns und forderten unsere Aufmerksamkeit, dass unser Leben nicht nur von der Sorge um ihr Wohlergehen erfüllt war, sondern wir wurden manchmal tagelang gemeinsam „auf dem Weg dorthin" gehalten. „Oft legen wir jeden Tag viele Kilometer zurück, um Kranke und Leidende zu besuchen und uns um die Interessen derer zu kümmern, die unsere persönliche Hilfe brauchten."

An dem Tag, an dem das oben aufgezeichnete Gespräch stattfand, war es bereits dunkel, als unsere Arbeit erledigt war und wir uns in unserem kleinen Esszimmer zum Abendessen trafen. Es war wirklich die erste Mahlzeit des Tages; denn wir waren uns stillschweigend darüber einig, dass wir, wenn die Zeiten kamen, in denen wir unsere Fischdiät nicht mehr wirklich genießen konnten, entschlossen den ganzen Tag arbeiten würden, ohne Essen zu probieren. Das Ergebnis war, dass wir, als wir uns an den Tisch setzten, nachdem wir das Morgenfrühstück abgelehnt und das Mittagessen ignoriert hatten, feststellten, dass unser Appetit, sogar auf Fisch, zurückgekehrt war, und wir genossen ihn sehr. Und außerdem blieb der Appetit darauf noch eine ganze Weile bestehen.

Hunger ist immer noch eine gute Soße; und wir haben herausgefunden – und auch andere haben die gleiche Entdeckung gemacht –, dass, wenn der Appetit nachlässt und die Tendenz besteht, das Essen oder sogar den Koch zu kritisieren oder zu bemängeln, ein freiwilliger Verzicht auf zwei oder drei Mahlzeiten am sinnvollsten ist wohltuend für Geist und Körper und bringen eine sehr deutliche Wertschätzung für einige der guten Gaben Gottes zurück, die bisher wenig geschätzt wurden.

Das große und herausragende Werk war natürlich die Verkündigung des Evangeliums und die Lehre des Volkes, das Wort Gottes zu lesen. Diesem letztgenannten Werk widmen wir ein ganzes Kapitel und brauchen daher hier nicht darauf einzugehen. Neben den direkten Ergebnissen, die wir durch die Verkündigung des Wortes Gottes erzielten, haben wir vielleicht das Beste durch die medizinische Arbeit erreicht.

Inder lieben Medizin und glauben an große Dosen. Je schärfer die Dosis von Cayennepfeffer oder je bitterer eine starke Droge ist, desto mehr wird sie genossen und desto größer ist das Vertrauen in ihre heilende Wirkung. Einige von ihnen nutzten verschiedene Mittel, um uns zu veranlassen, ihnen eine gute, starke Tasse Tee zu servieren, der mit rotem Pfeffer doppelt scharf zubereitet wurde. Ihrer Einschätzung nach war eine solche Dosis gut gegen fast jede Krankheit, an der sie leiden konnten, und war besonders an kalten und winterlichen Tagen willkommen, wenn das Quecksilber hart gefroren war und das Spiritusthermometer alles zwischen vierzig und sechzig Grad unter Null anzeigte .

Das praktische Mitgefühl erreichte immer wieder die Herzen einiger Menschen und beeinflusste sie so sehr, dass sie schließlich zu Christus gebracht wurden.

Die Menschen waren so arm, dass es viele Möglichkeiten gab, ihnen zu helfen. Von unserem Komfortstandpunkt aus gesehen hatten sie sehr wenig, womit sie sich glücklich machen konnten. Tatsächlich waren es nur wenige, die sie besaßen. Da sie das gemeinsame Land besaßen, war es für keinen von ihnen reich; aber es gab weder Vermieter noch Mieten. Alle anderen Besitztümer waren Wigwams, Fallen, Netze, Gewehre, Kanus, Hunde und Kleidung. Sie lebten von der Hand in den Mund, da sie keine Möglichkeit hatten, überschüssige Lebensmittel aufzubewahren, selbst wenn sie jemals das Glück hatten, sich mehr zu sichern, als sie für ihre unmittelbaren Bedürfnisse brauchten. Wenn es einigen gelang, mehrere Hirsche oder Bären zu töten, unternahmen sie kaum Versuche, einen Teil des Fleisches zu trocknen oder für die zukünftige Verwendung aufzubewahren. Sehr selten wurde aus einem Teil des Wildbrets eine kleine Hirsch-Pemmikane gemacht; aber das war ein Ausnahmefall. Der allgemeine Plan bestand darin, nach einer erfolgreichen Jagd einen Tag der offenen Tür abzuhalten, bei dem der Topf ununterbrochen kochte, jeder willkommen geheißen wurde und jeder aufgefordert wurde, kräftig zu essen, solange der Vorrat reichte. Er galt in der Tat als ein gemeiner Mann, der das Glück hatte, eine große Menge Wild zu töten, es aber nicht mit allen teilte, die zufällig vorbeikamen. Diese Gastfreundschaft wurde oft so weit verdient, dass für den Jäger selbst oder seine eigene Familie nur noch sehr wenig übrig blieb.

Daher war das Leben der Indianer über viele Generationen hinweg eine Art Kommunismus. Kein Unglücklicher verhungerte im Dorf, solange es in der Gemeinde einen Felchen oder eine Rehkeule gab. Es war ein gemeinsames Fest, wenn es reichlich war; gemeinsam verhungern, wenn es genug gibt. Sie konnten zunächst nicht verstehen, warum der Missionar, wenn er etwas in seinem Missionshaus hatte, zögerte, es jemandem zu geben, der sagte, er hätte Hunger. Dieser Plan, der Außenwelt einmal im Jahr Vorräte für ein ganzes Jahr zu besorgen, war ihnen tatsächlich ein Rätsel. Sie hatten den Eindruck, dass es sehr schön sei, so viele Dinge zu sehen, die mit den Booten der Firma ankamen; aber als sie einmal im Haus waren, dachten die heidnischen Indianer, dass sie so schnell aufgebraucht werden sollten, wie jemand danach verlangte. Die Praxis, die Vorräte für zwölf Monate zu rationieren, war eine Vorgehensweise, die einen Missionar, der sich strikt daran hielt, mehr als einmal als gemein, geizig und sehr unfreundlich entlarvte. Sie stellten sogar die Wahrhaftigkeit eines sparsamen, sorgfältigen Missionars in Frage, der dieses System durchführte. Als er gebeten wurde, einigen hungrigen Indianern zu helfen, weigerte er sich mit der Begründung, er hätte nichts mehr, da er wisse, dass der Monatsvorrat aufgebraucht sei. Sie schlussfolgerten daraus, dass sie wussten, dass er den Rest seines Jahresvorrats eingelagert hatte.

Eine sehr interessante Phase unserer Arbeit bestand darin, den indischen Familien, die von einem Wigwam in ein gemütliches kleines Haus gezogen waren, in die Geheimnisse der zivilisierten Haushaltsführung zu helfen. Es stimmt, dass diese Häuser weder sehr groß noch imposant waren. Sie bestanden im Allgemeinen nur aus Baumstämmen, die gut mit Moos und Lehm bedeckt waren, und bestanden nur aus einem Raum mit dem Kamin am Ende oder an der Seite. Soweit es den Leuten möglich war, errichteten sie Trennwände und fügten verschiedene kleine Annehmlichkeiten hinzu. Wenn eine Familie in eines dieser Häuser einzog, waren einige ihrer Mitglieder zunächst sehr geneigt, ihre Wigwam-Gewohnheiten beizubehalten. Da diese sehr schichtlos waren und weit unter dem lagen, was wir für eine methodische und ordentliche Haushaltsführung hielten, mussten einige praktische Lektionen erteilt werden. Da sie bereit waren zu lernen, wurden verschiedene Pläne und Methoden übernommen, um ihnen zu helfen. Das Folgende war das erfolgreichste und vielleicht im Großen und Ganzen für alle Beteiligten auch das Interessanteste. Als wir erfuhren, dass einige neue Häuser errichtet und von Familien in Besitz genommen worden waren, die keine andere Behausung als ihre Wigwams kannten, verkündete ich am Sabbat von der Kanzel aus, dass im Laufe der Woche im Zusammenhang mit meinen pastoralen Besuchen Frau Young und ich aß am Montag, am Dienstag mit Oostasemou und am Mittwoch mit Oosememou in Pugamagons Haus. Diese Ankündigungen lösten bei den genannten Familien zunächst große Bestürzung aus. Als die Gottesdienste zu Ende waren und wir die Kirche verließen, wurden wir von den Männern, deren Namen ich genannt hatte, angesprochen, meist mit Worten wie diesen:

„Konnten wir heute unseren Ohren trauen, als wir glaubten, Sie sagen zu hören, dass Sie und Ookemasquao (der indianische Name von Frau Young) vorbeikommen würden, um mit uns zu speisen?"

„Natürlich sind deine Ohren in Ordnung. Das haben sie gehört, und das ist es, worüber wir nachdenken", wäre unsere Antwort.

„Nichts als Fisch müssen wir euch vorlegen", lautete im Allgemeinen ihre Antwort, die sie mit bedauerndem Ton äußerten.

„Nun, das ist in Ordnung. „Es ist das, was wir normalerweise zu Hause essen", würden wir antworten.

„Na ja, aber wir haben noch keinen Tisch, keine Stühle, kein passendes Geschirr für Sie", wäre ihr nächster Einwand.

„Das ist in Ordnung, wir kommen."

In der Zwischenzeit sah man ihre halb verängstigten Frauen hinter ihren Ehemännern stehen und dem Gespräch aufmerksam zuhören.

Als sie feststellten, dass diese Aufzählung der mangelnden Vielfalt an Nahrungsmitteln und der Armut ihrer neuen Häuser uns nicht von unserem Entschluss abbringen konnte, mit ihnen zu speisen, sagten sie fast verzweifelt:

„Nun, was müssen wir tun, um bereit zu sein, Sie zu empfangen?"

„Das ist genau die Frage, die Sie stellen sollten", würde ich antworten. „Jetzt werde ich Ihnen sagen, was in unseren Herzen ist. Halten Sie reichlich Fisch bereit und wir kümmern uns um den Rest des Abendessens. Aber es gibt noch einige andere Dinge, die uns am Herzen liegen und auf die wir Sie aufmerksam machen möchten: Erstens möchten wir bei unserem Besuch sehen, wie sehr sauber und hübsch Ihr neues Haus sein wird; dann sind wir auch gespannt, wie ordentlich und ordentlich die Familienmitglieder sein werden; Wir möchten auch sehen, wie hell und poliert alle Ihre Wasserkocher, Töpfe und Teller sein werden. Wie angekündigt kommen wir beide zu Ihnen nach Hause, seien Sie also auf der Hut und bereit für uns. Ich glaube, wir werden alle eine gute Zeit haben."

Etwas erleichtert über dieses Interview machten sie sich auf den Heimweg.

Kurz nach dem Frühstück am Montagmorgen würde Mrs. Young mit Hilfe williger Hände ihren eigenen Hundezug und ihren Kariole vor die Tür bringen lassen, und der Kariole würde schnell für den für diesen Tag angekündigten Besuch im Indianerhaus beladen.

Vielleicht ist es nur an dieser Stelle zu sagen, dass wir unseren Indianern diese Besuche nie zumuteten, außer wenn wir im Missionshaus reichlich Vorräte der einen oder anderen Art hatten und so in der Lage waren, zusammen mit dem Fisch, den die Familie versorgte, genügend davon mitzunehmen , für eine herzhafte Mahlzeit. So hatte Mrs. Young in ihrer Kariole nicht nur diesen großzügigen Vorrat an Lebensmitteln mit reichlich Tee und Zucker, sondern auch eine große Tischdecke, Geschirr, Messer, Gabeln, Löffel und andere lebensnotwendige Dinge. Gegen neun Uhr wurde sie zum Heim gefahren, wo die werdende Familie mit einer gewissen Besorgnis auf ihre Ankunft wartete. Sie waren schon sehr früh am Werk und noch nie glänzte ein Boden aus gut gehobelten Fichtenbrettern weißer. Stundenlang war es geschrubbt worden; Eine unbegrenzte Menge Ellenbogenfett, unterstützt von etwas Schmierseife aus starker Lauge und dem Fett eines dicken Hundes, hatte die Arbeit völlig erledigt. Die Gesichter der Kinder zeigten, dass sie gründlichst poliert waren, während die ganze Familie ihre Sonntagskleidung anzog. Jeder Kessel und jede Kanne zeugte von der frühen Stunde, in der die Familie aufgestanden war und mit der Arbeit begonnen hatte.

Die mir erteilte Anweisung lautete, dass ich erst gegen halb eins erscheinen sollte, und ich war so interessiert, dass ich im Allgemeinen pünktlich war.

Es war ein sehr erfreulicher Anblick und ein sehr herzlicher Empfang, den ich empfing. Jedes Familienmitglied strahlte einfach vor Glück und meine gute Frau hatte die Ansteckung dieser Stunde bestens überstanden. Natürlich schüttelte ich allen die Hände und küsste das dicke kleine Baby in seiner urigen Wiege aus Moossäcken. Dann wurden wir schnell darüber informiert, dass das Abendessen fertig war. Es gab weder einen Stuhl noch einen Tisch im Haus. Auf dem fast ebenso schneeweißen Boden war die schneeweiße Tischdecke ausgebreitet und darauf geordnet Teller, Tassen und Untertassen, Messer und Gabeln. Dann wurde das Abendessen, das in verschiedenen Töpfen und Pfannen am großen Kamin zubereitet worden war, serviert, oder besser gesagt, unten, und an den zugewiesenen Plätzen setzten wir uns indianisch auf den Boden. Nachdem um den Segen des Himmels gebeten worden war, begann das Fest. Die Speisekarte war nicht sehr aufwendig.

Verwöhnte Luxuskinder mit verlorenem Appetit hätten sich vielleicht darüber lustig gemacht, aber für uns in diesem Land und besonders für diese glückliche indische Familie war es eines der größten Ereignisse ihres Lebens. Der Missionar und seine Frau waren glücklich, weil sie diese armen Menschen so glücklich sahen.

Etwa drei Stunden lang war Frau Young die Lehrerin des indischen Mutterlandes ihrer Töchter gewesen, als sie unter ihrer Anleitung das Abendessen zubereiteten, und sie waren sehr stolz auf ihre Lehrerin.

Das Abendessen wurde als großer Erfolg gewertet, und nachdem es vorüber war und alle reichlich gegessen hatten, wurde die Bibel in den Silbenbuchstaben hervorgeholt und vorgelesen, während alle andächtig niederknieten und der Missionar mit frohem Herzen ein ernstes Gebet sprach damit der Segen des Himmels immer auf diesem Haus ruhe.

Nach dem Gebet sollte ich gehen, während Frau Young für den Rest des Tages blieb. Wenn sie abends müde, aber sehr zufrieden mit der Arbeit des Tages in unser Missionsheim zurückkehrte, gewährte sie mir einige Einblicke in das Treiben des Nachmittags. Natürlich bestand das erste darin, den Frauen beizubringen, wie man das Geschirr schön und sorgfältig abwäscht und wegräumt; Dann wurde das Haus noch einmal gefegt, als sie für die Nachmittagsarbeit bereit waren. Manchmal konnte die glückliche indische Mutter ein schönes Stück Kleiderstoff hervorholen, das ihr nun freundlich war. Der christliche Ehemann hatte ihr im Tausch seine wertvollen Pelze gekauft. Dieses Kleidungsstück musste von Frau Young zugeschnitten und angepasst werden. Auf die Frage, wie sie es anfertigen lassen wollte, antwortete sie im Allgemeinen:

„Bitte, Ookemasquao, schneide es aus, damit es so aussieht wie das, das du letzten Sonntag in der Kirche getragen hast."

So weit wie möglich wurde das Kleid in diesem Stil zugeschnitten und angepasst, mit dem Nähen wurde begonnen und der Besitzerin wurden ausführliche Anweisungen gegeben, damit sie mit der Arbeit fortfahren konnte, bis sie mit den Feinheiten nicht mehr einverstanden war, und dann kam sie zu dem Missionshaus um Hilfe usw., bis die Arbeit abgeschlossen war.

Neben der Hilfe beim Schneidern gab es auch Unterricht im Flicken und Stopfen sowie im Verlängern oder Ergänzen der Kleider der schnell wachsenden indischen Mädchen.

So gingen wir von Haus zu Haus, und die guten Ergebnisse dieser Besuche blieben noch lange Jahre bestehen; So entstand im Leben dieser indischen Frauen der edle Ehrgeiz, den Haushalt wie Ookemasquao zu führen; und so versuchten sie, ihren Ehemännern und Kindern klarzumachen, dass sie nicht länger in der sorglosen Art des alten heidnischen Lebens leben wollten, sondern dass sie, da sie nun in ihrem Beruf Christen geworden waren, dies auch in ihren Häusern tun würden haben Sie die Ordentlichkeit und Sauberkeit, die denen zu eigen sein sollte, die so berufen sind.

Kapitel Vier.

Wie das Evangelium verbreitet wird: im Kanu im Sommer; mit der Hundebahn im Winter.

Dieses große Land im Norden ist ein Land mit unzähligen Seen und Flüssen. Leider gibt es in vielen Bächen Stromschnellen, und die Navigation auf ihnen ist nach allgemeiner Auffassung unmöglich. Daher besteht die einzige Möglichkeit, im Sommer auf ihnen zu reisen, im leichten Birkenkanu oder in einem anderen Fahrzeug, das so tragbar ist, dass es über die vielen Portages getragen oder gezogen werden kann, die in diesem Land der Katarakte und Wasserfälle so zahlreich sind.

Seit jeher gilt das Birkenkanu als Teil des Handwerks der Indianer. Der jahrhundertelange Gebrauch hat es ihm ermöglicht, es so zu perfektionieren, dass der Weiße zwar Versuche unternommen hat, es zu verbessern, diese jedoch nicht sehr erfolgreich waren.

Einer unserer Missionare, einer der besten Kanuten des Landes, war eingebildet genug, um zu glauben, dass das schöne Zedernkanu des Weißen den Birkenrindenkanu der Eingeborenen überlegen sei. Er war sich dessen so sicher, dass er sich mit viel Mühe und Kosten eines der allerbesten Modelle den ganzen Weg von Ontario nach Norway House schicken ließ. Auf dem wunderschönen Playgreen-See und anderen ähnlichen Orten hat es ihm unglaublich gut gefallen; Aber als er seine Missionsreise antrat, drängten ihn die Indianer, die sich in diesen Dingen am besten auskennen, nicht zu versuchen, mit diesem schönen, aber unzuverlässigen Boot die wilden Stromschnellen des mächtigen Nelson oder anderer großer Flüsse zu befahren. Er lachte jedoch nur über ihre Ängste und Proteste. Einige von ihnen begaben sich gemeinsam auf eine lange Missionsreise, deren Ziel es unter anderem war, beim Bau einer neuen Kirche mitzuhelfen. Der Bau des kleinen Heiligtums in der Wildnis ging eine Zeit lang ununterbrochen weiter, sehr zur Freude der ansässigen christlichen Indianer, die sich schon lange ein solches zur Anbetung Gottes gewünscht hatten.

Die Sicherstellung ausreichender Lebensmittel für die Bauarbeiter war eine der Aufgaben, die dem Missionar oblagen und ihm große Sorgen bereiteten. Als die gesicherten Vorräte fast erschöpft waren und es schien, als müssten die Bauarbeiten aufgrund des Nahrungsmangels eingestellt werden, erfuhren einige vorbeikommende Jäger, dass sie am Fuße des Flusses eine Menge Störe beim Spielen gesehen hätten einige große Stromschnellen des Nelson River. Da sie als köstliches und nahrhaftes Nahrungsmittel gelten, wurde sofort eine Expedition vorbereitet, um so viele wie möglich davon einzufangen. Der Missionar selbst, ein energischer, aktiver Mann, übernahm die Leitung der Gruppe und bestand darauf, in seinem wunderschönen Kanu aus Zedernholz mitzufahren. Als sie den Kopf der Stromschnellen erreichten, an deren Fuß Berichten zufolge die Störe in großer Zahl gesichtet wurden, gab es eine kurze Pause, bevor der Abstieg versucht wurde . Die Indianer protestierten alle gegen den Entschluss des Missionars, solch wilde Stromschnellen in einem Kanu zu befahren, von dem sie sicher waren, dass es für eine so gefährliche Reise so ungeeignet war. Der Missionar blieb jedoch stur und ließ sich von ihren Bitten nicht beeindrucken. Als sie sahen, dass ihre Worte seinen Entschluss nicht ändern konnten, sagte ein alter, erfahrener Führer:

„Nun, dann lassen Sie einen von uns mitkommen, der am Heck Ihres Bootes sitzt und Ihnen beim Steuern hilft und auch durch unser Gewicht den Kopf Ihres Kanus hoch oben hält, während wir durch die Stromschnellen fahren."

Dieses freundliche Angebot, das Risiko einzugehen und die Gefahren zu teilen, lehnte er ebenfalls ab und sagte: „Er könne mit dem Kanu seines weißen Mannes überall hinfahren, wo ein Indianer in einer Birkenrinde hingehen könne." Ihr Einwand gegen sein Kanu war, dass es vorne nicht hoch genug gebaut war, und als er den letzten wilden Ansturm in den Stromschnellen unternahm, wo das Wasser so steil war, erhob sich das Boot nicht wie eine Ente auf dem Kanu Am Fuß wühlte es sich wild auf, es würde wie ein Baumstamm untertauchen und verschwinden.

Es wäre für den eigenwilligen Missionar gut gewesen, wenn er auf den Rat dieser erfahrenen Männer gehört hätte, die wussten, wovon sie sprachen. Er unterbrach sie jedoch, indem er ihnen befahl, in ihre Kanus zu steigen und weiterzufahren, und er würde ihnen bald folgen. Mit Bedauern ließen sie ihn dort zurück, wo er auf einem Felsen saß und ihnen gemächlich zusah, wie sie die gefährliche Reise begannen. Mit Sorgfalt und Geschick gelang es allen Indianern, diese gefährlichen Stromschnellen erfolgreich zu überwinden, die so wild und wild sind wie alle anderen im Sankt-Lorenz-Strom. So schnell wie möglich gingen sie am Ufer ans Ufer und versammelten sich voller Vorahnungen an einem Punkt, von dem aus sie dem Missionar beim Laufen zusehen konnten.

Ach! Ihre Ängste waren zu begründet. Den rauschenden, tosenden Fluss hinunter sahen sie den tapferen, aber unbesonnenen Mann kommen. Mit vollendetem Können gelang es ihm in den oberen Stromschnellen, sein wunderschön poliertes Handwerk zu beherrschen; aber als der letzte wilde Sprung am Fuß gemacht wurde, verschwanden sowohl das Kanu als auch der Missionar plötzlich. Es dauerte viele Tage, bis der arme, verfaulte Körper weit entfernt am großen Fluss geborgen wurde.

Dort am Ufer befindet sich ein einzelnes Grab, und auf einem kleinen, von liebevollen Händen aufgestellten Grabstein ist der Name dieses tapferen, aber unbesonnenen Mannes vermerkt.

Für die Herstellung eines erstklassigen Indianerkanus muss die Birkenrinde zur richtigen Jahreszeit mit größter Sorgfalt vom Baum genommen werden. Der Rahmen muss mit einer Geschicklichkeit und Genauigkeit gestaltet werden, die nur durch langjährige Übung erreicht werden kann. Tatsache ist, dass erstklassige Kanubauer unter den Stämmen ebenso selten waren wie erstklassige Dichter in der Zivilisation. Viele Indianer konnten Kanus bauen; Aber es gab ein paar Männer, deren Ruhm für ihr hervorragendes Handwerk weithin bekannt war und die immer in der Lage waren, für alles, was sie herstellen konnten, den höchsten Preis zu erzielen.

Es ist wirklich wunderbar, wenn man bedenkt, wie kurvig ein Kanu in seiner schönsten Form ist, welche Fahrten man damit unternehmen kann. Mein erfahrener Kanufahrer und ich fuhren wilde Stromschnellen und überquerten sturmgepeitschte, große Seen. Wir ernährten uns von dem Wild, das wir erlegen konnten, während wir dahineilten, schliefen auf den Felsen oder am Sandstrand, wo die Nacht über uns hereinbrach, und waren immer dankbar, wenn wir die kleinen Indianergruppen fanden, die wir suchten. Da sie im Allgemeinen bestrebt waren, die Wahrheit zu hören, verging zwischen den Gottesdiensten nur wenig Zeit. Lange Predigten und Ansprachen waren an der Tagesordnung; und oft gab es vom frühen Morgen bis spät in die Nacht nur kurze Pausen für unsere hastigen Mahlzeiten mit Fisch oder Wild.

Während wir von Ort zu Ort reisten, wurden unsere Mahlzeiten im Freien gekocht und gegessen, und tagelang trafen wir keine Menschen. Unser Bett stand auf einigen Balsamzweigen, sofern diese erhältlich waren; Wenn nicht, eignet sich ein glatter Granitfelsen oder Sandstrand sehr gut. Wir waren so gesund und die Arbeit und die Umgebung so angenehm, dass es keine schlaflosen Nächte gab, außer wenn uns manchmal Myriaden von Mücken angriffen oder ein heftiges Gewitter über uns fegte. Dann waren die Nächte nicht mehr so angenehm, und wir freuten uns über den Tag, auch wenn er aufgrund des Sturms einen schlechten Zustand unserer Vorräte erkennen ließ.

Dies war der allgemeine Plan unseres Vorgehens: Wir erreichten eines der kleinen Indianerdörfer zu einem Zeitpunkt, der vielleicht sechs Monate oder ein Jahr zuvor vereinbart worden war. Alle, die möglicherweise aus angrenzenden Fisch- oder Jagdgebieten hereinkommen konnten, waren da, um mich zu treffen; Dann wurden mehrere Tage lang Gottesdienste abgehalten, nach denen die Indianer zu ihren verschiedenen Jagdgebieten zurückkehrten, während ich wieder mein Kanu zu Wasser ließ und mit meinen erfahrenen Paddlern zu einem anderen Punkt weiterfuhr, wo sich eine weitere Gruppe Indianer versammelte Ich warte auf meine Ankunft und sehne mich danach, das herrliche Evangelium des Sohnes Gottes zu hören.

Für die so isolierten Menschen war das Wort sehr wertvoll. Dass der Missionar in seinem Kanu kam, um ihnen zu predigen und ihnen vielleicht beizubringen, das kostbare Buch selbst zu lesen, war eine der wenigen glücklichen Pausen während der kurzen Sommermonate in ihrem einsamen, eintönigen Leben. Sie warteten immer auf mein Kommen, und besonders diejenigen, die ihrem Heidentum abgeschworen und das Christentum angenommen hatten, hießen mich herzlich willkommen, auch wenn dies auf ihre ruhige, würdevolle Art zum Ausdruck kam.

Für mich war die Wachsamkeit und die Scharfsinnigkeit des Hörens und Sehens des Indianers etwas Bemerkenswertes. Das Folgende ist ein gutes Beispiel dafür. Als ich eines Sommers auf dieser Reise war, war ich auf der Suche nach ein paar freundlichen Indianern, deren Lagerplatz jeden Sommer durch die Fülle des Nahrungsangebots bestimmt wurde. Um die Zeit so gut wie möglich zu nutzen, paddelten meine Männer und ich um vier Uhr morgens in unserem Kanu davon. Um unser Vorankommen zu beschleunigen, drangen wir in die Mitte des großen Flusses vor, den wir hinunterfuhren, da die Strömung dort viel schneller war als in Ufernähe. Zu dieser frühen Stunde lag der Morgennebel noch tief und dicht auf beiden Seiten und verbarg jedes Objekt am Ufer vollständig vor der Sicht. Während wir so zwischen diesen Nebelwänden vorankamen, wurden wir durch das schnelle Abfeuern der Kanonen erschreckt. Für mich war das ein entschiedenes Rätsel, aber meine erfahrenen Kanuten verstanden es sofort. Sie drehten schnell den Kopf unseres Kanus in die Richtung, aus der die Ermüdung kam, und paddelten durch die nun schnell verschwindenden Dämpfe, und dort am Ufer bemerkten wir eine Gruppe freundlicher Indianer, die nach unserem Kommen Ausschau hielten. Ihre Ohren hatten mehr geholfen als ihre Augen; Denn obwohl sie uns nicht sehen konnten, hatten ihre geübten Ohren das Geräusch unserer Paddel wahrgenommen. Nachdem sie uns sehr herzlich begrüßt hatten, präsentierten sie einige geräucherte Rentierzungen und andere einheimische Köstlichkeiten, die sie für den Missionar mitgebracht hatten. Dort am Flussufer wurden einige sehr eindrucksvolle und gewinnbringende Gottesdienste abgehalten. Zum Trost und zur Ermutigung derjenigen, die bereits seine Kinder geworden waren, sprachen wir über die liebevolle Güte und die Vorsehung unseres himmlischen Vaters. Wir appellierten auch an diejenigen, die sich noch nicht entschieden hatten, dem Heidentum ihrer Vorfahren abzuschwören, dies schnell zu tun und die Religion des Herrn Jesus Christus anzunehmen.

So ging die Arbeit weiter, und in vielen glücklichen Sommern war mein Kanu tagelang auf vielen Gewässern unterwegs, während ich als froher Bote durch die Wildnis reiste und Männer und Frauen anflehte, sich mit Gott zu versöhnen.

Über die Hundereisen in diesem Land ist so viel geschrieben worden, dass hier nur ein kurzer Bericht gegeben werden muss. Der Winter beginnt in diesen Regionen in der zweiten Oktoberhälfte und dauert ohne erkennbare Pause bis April. Allerdings sind die Eisfelder auf den großen Seen so riesig, dass sie erst einen Monat oder sechs Wochen später alle verschwinden. Eines Winters konnte ich mit meinen Hundezügen eine ziemlich lange Reise machen und kam erst am 18. Mai nach Hause. Zu diesem Zeitpunkt war jedoch der Schnee vollständig verschwunden und der Frost war fast vollständig aus dem Boden verschwunden.

Die Kälte ist heftig, das Spiritusthermometer zeigt 30 bis 60 Minusgrade an. Wir haben wochenlang gesehen, wie das Quecksilber so fest wie Blei eingefroren war. Monatelang wird Milch zu Marmorkuchen gefroren. Große Stücke davon trugen wir in Zeitungspapier eingewickelt bei uns, und wenn wir am Lagerfeuer etwas von unserer Tasse Tee wollten, schnitten wir es mit einer Axt ab. Wie daraus hervorgeht, hatten wir etwa sieben Monate lang einen strahlend kalten Winter. Während dieser ganzen Zeit gab es kein Tauwetter, der Schnee war nie weich und es gab keine Feuchtigkeit in der Luft oder unter den Füßen. Unter solchen Bedingungen sind weiche Mokassins aus Hirschleder zivilisierten Stiefeln oder Schuhen weit überlegen.

In diesem riesigen Land gibt es keine Straßen. Der Frostkönig lässt jeden See und Bach zufrieren und verhärtet jeden Moschus und jedes bebende Moor. Der Schnee bedeckt alles mit seinem wunderschönen Mantel und ermöglicht es, mit Schneeschuhen oder mit der Hundebahn durch weite Gebiete zu reisen, die in den Sommermonaten absolut unpassierbar sind. Pferde oder andere Großtiere sind für eine Reise in solche Regionen absolut wertlos. Der Schnee ist ein großartiger Einebner. Es füllt so manche gefährliche Fallgrube aus und polstert die Baumstämme und Felsen so sehr, dass die Hundeführer, die fröhlich dahinstürmen, über Unruhen oder Stürze nur lachen. Die einzigen Nachteile eines Sturzes über einen steilen Abhang von mehreren Hundert Fuß Höhe, wie er einst dem Schriftsteller widerfuhr, waren das Gelächter seiner Kameraden und die Verzögerung, die es verursachte, ihn aus der Schneeverwehung am Boden zu graben, die zwischen zwanzig und zwanzig Fuß betrug dreißig Fuß tief. Diese Unfälle und Verzögerungen kamen nicht häufig vor; und obwohl es Schwierigkeiten und Leiden gab, gab es viele Dinge zu lehren und zu interessieren und die Monotonie des Winterreisens in diesem einsamen Land zu durchbrechen.

An den kältesten, hellsten und sonnigsten Tagen spielte die unruhige Fata Morgana ihre seltsamen Streiche mit fernen Landschaften und brachte manchmal viele Kilometer entfernte Orte in die Nähe. Manchmal erschien ein Kreis im Kreis um die Sonne, bis bis zu vier deutlich sichtbar waren; In jedem Kreis befanden sich zeitweise vier Scheinsonnen − sechzehn gleichzeitig sichtbare Scheinsonnen waren ein Anblick, für den es sich lohnte, einen weiten Weg zurückzulegen. Seltsamerweise fürchteten sich die Indianer vor ihrem Anblick, da sie erklärten, sie seien immer die Vorboten von Schneestürmen gewesen; und je lebhafter diese Sonnenhunde, wie sie sie nannten, waren, desto schrecklicher würde der Sturm sein.

Aber das faszinierendste und herrlichste aller Himmelsphänomene dieser herrlichen Regionen sind die Nordlichter – die Aurora Borealis. Da sie auf keinen bestimmten Monat im Jahr beschränkt sind, haben wir sie in den wenigen Stunden der kurzen Nächte nach den heißesten Tagen im Juli oder August sowie in den langen, kalten Nächten der Wintermonate blinken und zittern sehen. Manchmal verweilten sie die ganze Nacht in ihrer unheimlichen Schönheit, bis sie sich in der Pracht des kommenden Tages verloren. Eine Beschreibung derselben wurde oft von Schriftstellern nordischer Szenen versucht, und ich muss gestehen, dass ich voreilig genug war, es woanders zu versuchen; aber ihre volle Herrlichkeit ist noch ungeschrieben und wird es vielleicht jemals sein. Sie scheinen eher zum Geistigen als zum Irdischen zu gehören; und es gibt Zeiten, in denen sie so verblüffend und überwältigend sind, dass es den Anschein hat, als ob nur die Sprache der Geister für die Aufgabe geeignet wäre, sie zu beschreiben. Dann sind sie so wandelbar. Ich habe noch nie zwei gleich große Ausstellungen davon gesehen. Zunächst sind sie von reinstem Weiß; aber wenn das Funkeln beginnt, nehmen sie alle Farben des Regenbogens an. Manchmal erscheinen sie in großen, leuchtenden Bögen, wie in der Abbildung. Zu anderen Zeiten sind es einfach Bänder aus wellenförmigen Wellen, die mit ihren rhythmischen Bewegungen und ständig wechselnden Farbtönen sowohl zu beruhigen als auch zu bezaubern scheinen. Zu anderen Zeiten sind es mächtige Armeen disziplinierter Krieger, die in den Konflikt ziehen. Dann, wenn sie von ihren kriegerischen Taten müde zu sein scheinen, scheinen sie alle ihre Kräfte zu sammeln; und indem sie den nördlichen Himmel regelrecht ausfüllen, stürmen sie immer weiter hinauf, bis sie den höchsten Punkt erreicht haben, wo sie einen Kranz von so blendender Pracht bilden, dass es wirklich so aussieht, als ob das sehnsüchtige Gebet der militanten Kirche erfüllt würde; und dieser universelle Triumph hatte den Erlöser der Welt hier erlangt, und jetzt bringen die Engel und erlösten Heerscharen des Himmels und der Erde das königliche Diadem hervor, um „ihn zum Herrn aller zu krönen".

Die Hunde, die wir in den Hundeschulen einsetzen, gehören im Allgemeinen jeder Rasse an, die sich durch Größe, Ausdauer und Scharfsinn auszeichnet. Früher war die Hunderasse Esquimaux vorherrschend; aber in späteren Jahren kam es zu einer solchen Beimischung anderer Sorten, dass ein reiner Esquimaux-Hund heute eine Seltenheit ist, außer an einigen der nördlichsten Posten und Missionen. Mein würdiger Vorgänger bei den Crees hinterließ mir einen Zug Mischlinge, die gut genug waren, um Holz und Fisch für die Mission zu transportieren; und auch für die kurzen Ausflüge zu Orten in der

Nähe meines Zuhauses, wo ich wöchentliche Gottesdienste abhielt; Aber als ich versuchte, die langen Reisen von Hunderten von Kilometern in die entlegensten Teile meines großen Missionsgebiets zu unternehmen, das größer war als ganz England oder der Staat New York, erwiesen sie sich als klägliche Fehlschläge. Mit solchen Hunden zu reisen war wie die Erfahrung des Mannes, der in alten Zeiten erstklassiges Fahrgeld bezahlte, um in einem Paketboot auf dem Erie-Kanal von New York nach Buffalo zu fahren und dann ein Pferd über den Treidelpfad zu treiben der Weg. Nachdem ich mich fast umgebracht hatte, als ich mit schwachen oder faulen Hunden unterwegs war und ständig auf Schneeschuhen laufen oder rennen musste, weil sie mich nicht anziehen konnten, beschloss ich, wenn möglich, Besitzer besserer Hunde zu werden. Ich appellierte an einige gute Freunde in der Zivilisation, mir zu helfen, und das Ergebnis war, dass ich bald mit einigen der besten Hunde versorgt wurde, die man bekommen konnte. Unter ihnen waren Jack und Cuffy, die Geschenke von Senator Sanford aus Hamilton, nie zu übertreffen. Durch die Freundlichkeit von James Ferrier, Esquire aus Montreal, wurden fünf wunderschöne Bernhardiner von Frau Andrew Allan erworben. Dr. Mark aus Ottawa und andere Freunde erinnerten sich ebenfalls an mich, mit dem Ergebnis, dass ich bald einige der besten Hundezüge im Land hatte. Diese zivilisierten Hunde besaßen alle guten Eigenschaften der Esquimaux, ohne deren diebische Tricks. Sie erwiesen sich in ihrer Ausdauer und Klugheit als ebenbürtig; Es mangelte ihnen lediglich daran, dass ihre Füße offenbar leichter verletzt und wund wurden.

Die Hundeschlitten sind zehn Fuß lang und 18 Zoll breit. Sie werden zum Transport unserer Bettwäsche und Vorräte verwendet, da wir oft tage- und nächtelang völlig auf unsere Lasten für Nahrung und Unterkunft angewiesen sind. Diese verschiedenen Lasten sind in den großen Hirschfellhüllen gut verpackt und so sicher an den Schlitten befestigt, dass die Lasten nie durcheinander geraten, egal wie oft es auch zu Umwälzungen kommt. Mein eigener Schlitten, der „Cariole" genannt wurde, war einer der üblichen Eichenschlitten mit Pergamentseiten und festem Rücken. Manchmal waren diese Kariolen hübsch bemalt und waren sehr bequeme Fahrzeuge zum Fahren. Wenn man gut in Pelzgewänder gehüllt war, reichlich fettes Fleisch zu fressen hatte, tolle Hunde als Anziehungspunkte hatte und liebevolle treue indianische Begleiter an der Seite hatte, war das Reisen mit dem Hund nicht ohne Vergnügen und Genüsse; Vor allem, wenn die Sonne schien, der eisige Asphalt unter Ihnen frei von Schneeverwehungen war und die Temperatur nicht kälter als vierzig Grad unter Null war. Anders war es jedoch, wenn um einen herum ein Schneesturm heulte und die Luft so von feinen, schneidenden Eisschneepartikeln bedeckt war, dass es gefährlich war, auch nur einen Teil des Gesichts ihren gnadenlosen Angriffen auszusetzen. Dann wurde das wunderbare Können des erfahrenen Indianerführers deutlich, und wir wurden mit einer Genauigkeit und Geschwindigkeit, die fast unglaublich schien, durch solch elende Umgebung geführt.

Als die Tagesreise zu Ende war, war das Lager ein willkommener Ort – besonders wenn uns Schneestürme heimgesucht hatten –, auch wenn es nur ein ganzer Tag draußen im Schnee auf der geschützten Seite eines dichten Fichten- oder Balsamhains war. Zeitweise fanden wir recht malerische Plätze zum Campen. Als der Führer den Halt für die Nacht anrief, mussten wir als Erstes unsere treuen Hunde ausspannen. Unsere Schneeschuhe wurden als Schaufeln improvisiert, und von der Stelle, die wir als Rastplatz ausgewählt hatten, türmte sich der Schnee schnell in einer großen Bank hinter uns auf; und manchmal, wenn die Nacht ungewöhnlich streng zu werden drohte, auf beiden Seiten von uns.

Dann war das große, prasselnde Feuer aus trockenem Holz, an dem wir unser Abendessen kochten, den Fisch für unsere Hunde auftauten und unsere halb erfrorenen Körper wärmten, sehr willkommen. Als das Abendessen gegessen war und die Gebete, die für uns alle so süß und nützlich waren, beendet waren, wie schön war es, auf unseren Gewändern zu sitzen und einige Stunden in angenehmem Gespräch zu verbringen, bevor mein Bett gemacht war und ich von meinen Gläubigen gemütlich und gründlich zugedeckt wurde Kameraden. Anfangs fiel es mir schwer, mit vollständig bedecktem Kopf zu schlafen; Ich fühlte mich so erstickt, dass ich oft eher Gefahr lief, zu erfrieren als zu ersticken. Eines Nachts, vielleicht wegen dieses erstickenden Gefühls, entblößte ich unbewusst meinen Kopf. Nach einer Weile erwachte ich plötzlich zu Bewusstsein und stellte fest, dass ich versuchte, meine jetzt gefrorene Nase abzureißen, die ich für das Ende eines Axtstiels hielt.

Wir fütterten unsere Hunde mit Fisch und gaben ihnen nur eine Mahlzeit am Tag, und zwar dann, wenn die Arbeit des Tages erledigt war. Sie morgens zu füttern, führte dazu, dass sie für einige Zeit träge und dumm waren; und das Gleiche geschah, wenn sie mittags gefüttert wurden. Lange Erfahrung hat gezeigt, dass die Hunde am besten gedeihen und die meiste Arbeit leisten können, wenn ihnen eine gute Mahlzeit vor der langen Nachtruhe verabreicht wird. Die Hundeschuhe, die für ihren Komfort und ihre Genesung so wichtig sind, wenn ein Fuß erfroren oder schwer verletzt ist, werden von ihnen sehr geschätzt. Diese Schuhe bestehen aus einem warmen englischen Stoff namens Duffle und haben die Form eines großen Fausthandschuhs ohne Daumen. Ein alter Hund, der sich einmal an Hundeschuhe gewöhnt hat, sehnt sich auf einer langen, kalten Reise immer danach. Manchmal kommen sie und halten höchst komisch ihre Füße hoch, um beschlagen zu werden. Zu anderen Zeiten kam es vor, dass sie ins Lager kamen, sich dort auf den Rücken legten und, ihre vier Füße hochhaltend, höchst lächerlich und aufdringlich um diese warmen Wollschuhe bettelten. Einige von ihn werden bei ihrer Arbeit sehr raffiniert und scheuen sich davor, ihren Teil zum Ziehen beizutragen; Und dennoch scheint er, um einer Entdeckung zu entgehen, mehr Arbeit zu leisten als jeder andere Hund im Zug.

Aber diese Hundereise war bestenfalls harte Arbeit; Und sowohl die Hunde als auch ihre Herrchen freuten sich immer, wenn die langen Reisen zu Ende waren und eine willkommene Pause eingelegt werden konnte, um die Wunden und Erfrierungen zu heilen und Kraft für die nächste Reise zu sammeln.

Es wurde Gutes vollbracht, und das war der große Lohn für all die Risiken, die man einging, und die erlittenen Leiden. Viele, für die Christus gestorben ist, hätten bis heute nie das Evangelium gehört oder das Buch gesehen, wenn es nicht der Missionar im Sommer mit dem Kanu und im Winter mit dem Hundezug zu ihnen gebracht hätte. Gott sei Dank haben viele von ihnen gehört und die große Erlösung, die ihnen dadurch zuteil wurde, freudig angenommen. Mit seiner Aufnahme in ihre Herzen und ihr Leben waren die Transformationen wunderbar. Wo einst der Teufelstanz, der Geistertanz und andere Abscheulichkeiten, begleitet von der Rassel des Beschwörers oder dem monotonen Trommeln des Medizinmanns, vorherrschten und die Menschen in einem entwürdigenden Aberglauben hielten, befindet sich jetzt das Haus des Gebets errichtet, und die Wildnis erklang mit den süßen Liedern Zions. Leben, die einst unrein und sündig waren, wurden durch die Kraft des Evangeliums verwandelt, und eine echte und bleibende Zivilisation ist gekommen, um sie in diesem Leben zu segnen und ihnen Trost zu spenden, während sie in der süßen und gesegneten Gewissheit des ewigen Lebens in der Welt verweilen kommen.

Kapitel fünf.

Gott auf dem Felsen oder wie den Indianern beigebracht wird, das Buch zu lesen.

Die British and Foreign Bible Society, die American Bible Society und andere verwandte Institutionen, die das Wort Gottes drucken und verbreiten, waren und sind für die Missionare von unschätzbarem Nutzen.

Vor langer Zeit sagte der Psalmist: „Der Eingang deiner Worte gibt Licht." und gesegnet und herrlich wird diese Wahrheit verwirklicht.

Egal wohin ein Missionar geht, er fühlt sich sehr behindert, wenn er das Buch nicht in der Sprache des Volkes hat. Es ist eine Frage der Dankbarkeit, dass es in diesen späteren Jahren – dank dieser glorreichen Bibelgesellschaften – kaum ein Land oder eine Nation gibt, in die ein Missionar gehen kann, ohne dass er die Bibel in der oder den Sprachen dieser Nation gedruckt vorfinden wird Es wird den Menschen zu so günstigen Preisen angeboten, dass die Ärmsten der Armen es haben können, wenn sie wollen. Aber das war nicht immer so, und wir müssen nicht nach Wickliffe oder Tyndal zurückkehren, um von den Schwierigkeiten zu lesen, die es mit sich bringt, dem einfachen Volk das Wort Gottes in seiner eigenen Sprache zu vermitteln. Alle großen Missionsgesellschaften ihrer früheren Tage hatten ihre Careys, Morrisons und Duffs, die weiter kämpften und gegen Widerstände und Schwierigkeiten aushielten, die für gewöhnliche Sterbliche unüberwindbar gewesen wären und sie mit Verzweiflung erfüllt hätten.

Die Schwierigkeiten, die John Eliot überwinden musste, bevor er den Indianern Neuenglands die Bibel geben konnte, waren zahlreich und ärgerlich; aber sein unbeugsamer Wille führte ihn zum endgültigen Erfolg. Es ist in der Tat traurig, wenn man bedenkt, dass von ihnen kein Mann, keine Frau und kein Kind mehr übrig ist, das seine Bibel liest. Alle Stämme, für die er unter so vielen Tränen und Schwierigkeiten das Buch übersetzte, sind verschwunden. Die Gier nach Land und die Grausamkeiten der frühen Siedler waren zu viel für den armen Indianer. Aus seinen verschiedenen Reservaten, in denen Eliot, Brainard, Mayhews und andere treue Freunde versuchten, ihn zu retten, wurde er immer weiter zurückgedrängt, mit so viel Zerstörung und Verlust bei jedem Schritt, dass er schließlich einfach ausgelöscht wurde. Und so findet man heute in der Bibliothek der Harvard-Universität und an sehr wenigen anderen Orten Kopien von Eliots Bibel; versiegelte Bücher, die kein Mensch lesen kann; ein trauriger Beweis für „die Unmenschlichkeit des Menschen gegenüber dem Menschen".

Einer der bemerkenswertesten Erfolge bei der Weitergabe der Bibel an ein Volk in seiner eigenen Sprache und in einer so einfachen Weise gedruckt, dass es für sie sehr leicht zu erlernen ist, ist die Übersetzung und der Druck des Buches in Silbenschrift. Diese Silbenzeichen wurden von Rev. James Evans erfunden, einem der ersten methodistischen Missionare zu den verstreuten Indianerstämmen in den damaligen Hudson Bay Territories. Herr Evans war einige Jahre lang als Missionar unter den Indianern tätig, die in verschiedenen Reservaten in der Provinz Ontario, damals Oberkanada genannt, lebten. Auf Wunsch der Muttergesellschaft Wesleyan Missionary Society und der Hudson Bay Fur-Trading Company begab sich Herr Evans in Begleitung einiger hingebungsvoller Missionarsbrüder in diese abgelegenen nördlichen Regionen, um mit der Missionsarbeit zu beginnen. Herr Evans und einige seiner Begleiter reisten in einem Kanu aus Birkenrinde den ganzen Weg von Montreal bis nach Norway House am Nelson River. Ein Blick auf die Karte vermittelt einen Eindruck von der Länge und den Strapazen einer solchen Reise damals. Aber es gelang ihnen; und mit frohem Herzen begannen sie ihr gesegnetes Werk der Evangelisierung der Eingeborenen.

Die missionarischen Methoden müssen notwendigerweise in verschiedenen Ländern unterschiedlich sein. Um erfolgreich zu sein, muss der Missionar ein Mann sein, der sich an seine Umgebung anpassen kann; und er muss schnell erkennen, wo der Erfolg am einfachsten zu erreichen ist. Hier lebte ein Volk von Fischern und Jägern, das weit nördlich der Agrarregionen lebte. Als Jäger waren sie ständig unterwegs, so dass es fast unmöglich war, sie lange genug an einem Ort zu halten, um ihnen das Lesen auf normale Weise beizubringen. Über diese Schwierigkeiten dachte und arbeitete Herr Evans nach und nach vielen Experimenten und Misserfolgen gelang es ihm, die sogenannten Silbenzeichen zu erfinden und zu perfektionieren.

ALPHABET.

—

(a) SYLLABICS.

—

▽ ă	△ ĕ	▷ ŏ	◁ ä*
V pă	∧ pĕ	> pŏ	< pä
∪ tă	∩ tĕ	⊃ tŏ	⊂ tä
⌐ chă	⌐ chĕ	⌐ chŏ	⌐ chä
ᑫ kă	ᑭ kĕ	ᑯ kŏ	ᑲ kä
ᓇ nă	ᓀ nĕ	ᓄ nŏ	ᓈ nä
ᒷ mă	ᒣ mĕ	ᒧ mŏ	ᒪ mä
ᔅ să	ᓭ sĕ	ᓱ sŏ	ᓵ sä
ᕮ yă	ᕠ yĕ	ᕳ yŏ	ᕓ yä

*a, as in far.

Diese sehr einfachen Zeichen stellen jeweils eine Silbe dar, sodass alle
Schwierigkeiten beim Erlernen der Rechtschreibung entfallen. Bei der
Verfolgung seiner Arbeit musste Herr Evans mit vielen Nachteilen kämpfen.
Er lebte in einem Land, das so weit von der Zivilisation entfernt war, und
hatte nur wenig Material zum Experimentieren und nur wenige Hilfsmittel,
die ihm helfen konnten. Von den Pelzhändlern erbettelte er ein paar Blätter
Blei, mit denen die Innenseiten von Teekisten ausgekleidet sind. Dieses
schmolz er zu passenden Stücken zusammen, aus denen er seinen ersten
Typus schnitzte. Als Papier musste er zunächst Birkenrinde verwenden. Seine
Tinte wurde aus dem Ruß seines Schornsteins und Störöl hergestellt. Doch
mit diesen groben Hilfsmitteln gelang es ihm, Teile der Heiligen Schrift und
einige Hymnen in der Sprache der Cree-Indianer zu drucken. Als die
Geschichte seiner wunderbaren Erfindung England erreichte, kamen ihm
großzügige Freunde zu Hilfe. Von einigen seiner Typen als Vorbilder wurde
ein großzügiger Vorrat gegossen; Diese wurden ihm zusammen mit einer
guten Handdruckmaschine und allen notwendigen Vorräten an Papier, Tinte

und anderen lebenswichtigen Dingen von der Hudson Bay Company nach Norway House verschifft. Jahrelang wurde dort die Arbeit betrieben, Teile des Wortes Gottes zu drucken, bis schließlich die British and Foreign Bible Society die Arbeit aufnahm, und jetzt werden alle Bibeln, die die Menschen benötigen, ihnen von dem Großzügigsten und Herrlichsten mit größter Freude zur Verfügung gestellt Gesellschaft.

Die Liebe der christlichen Inder zu ihrer Bibel ist sehr erfreulich. Für sie ist es in ihren einsamen Wigwams und einsamen Jagdlagern ein so großer Trost und Trost, dass nichts sie dazu bewegen kann, es aus ihrem Rudel herauszulassen. Der Weg kann holprig sein und die Reise kann mehrere Tage dauern; Lebensmittel müssen möglicherweise tagelang auf dem Rücken getragen werden, so dass jedes Pfund Gewicht ermittelt werden muss; Bevor die Reise zu Ende ist und der Wildreichtum erreicht ist, müssen Tage des Hungers überwunden werden, doch das Große Buch wird immer als der wertvollste aller ihrer Besitztümer mitgeführt. So etwas wie einen christlichen Inder, der seine Bibel wegwirft, obwohl seine Last im Notfall erleichtert werden musste, habe ich noch nie erlebt. Ihre Arbeit als Jäger gibt ihnen viel Freizeit, die es ihnen ermöglicht, das Buch fleißig zu studieren. Wenn sie zu Beginn des Winters in die entfernten Jagdgründe gehen, wird das Jagdschloss errichtet und die Fallen, Schlingen und andere Geräte zum Fangen des Wildes aufgestellt. Dann müssen sie, insbesondere beim Fang mancher Wildarten, einige Tage verstreichen lassen, bevor sie die Fallen aufsuchen. Dadurch sollen alle Hinweise auf ihre Anwesenheit verschwinden, da einige der wertvollsten Pelztiere die wunderbare Fähigkeit besitzen, die Anwesenheit des Menschen zu erkennen, und sich erst einige Zeit nach dem Jäger seinen Fallen oder seiner Spur nähern hatte seine Arbeit beendet und ging in den Ruhestand. Während dieser langen Wartezeiten in ihren Wigwams oder Jagdhütten haben die Indianer nicht viel, womit sie sich beschäftigen könnten; Das Ergebnis ist, dass die Bibel für sie wie ein wunderbarer Segen angekommen ist. Seine aufsehenerregenden Vorkommnisse und Geschichten werden immer wertvoller als die Legenden und Mythen, die ihnen von ihren Vorfahren überliefert wurden und die ihnen von den alten Geschichtenerzählern des Stammes immer wieder vorgetragen wurden. Wenn ihnen dann die Offenbarung der Liebe Gottes in der Gabe seines Sohnes verkündet und von ihnen empfangen wird – und sie hier in diesem Buch selbst lesen können –, sind sie von dankbarer und anbetender Liebe erfüllt, und das Buch ist es tatsächlich wertvollste.

Als ich zwischen diesen wunderbaren Menschen reiste, trug ich als Teil meiner Ausrüstung eine Reihe dieser Silbenbibeln bei mir, und kein Geschenk war für diejenigen, die erst kürzlich ihrem Heidentum abgeschworen und ihr Herz Gott übergeben hatten, annehmbarer. Auf die eine oder andere Weise hatten sie sich Kenntnisse über die Silben angeeignet, so dass der Erwerb einer Bibel, die sie ihr Eigen nennen konnten, ein äußerst geschätzter und genutzter Schatz war. Unter denen, die bis zu meinem Besuch noch nie eine Bibel gesehen oder einen Missionar gehört hatten, gab es widersprüchliche Vorstellungen über das Buch. Manche hatten zunächst Angst davor. Es war „großartige Medizin" und nur für den weißen Mann. Ein alter Zauberer, der sich seiner übernatürlichen Kräfte und der wunderbaren Dinge, die er mit Hilfe seiner „Medizin" vollbringen konnte, rühmte, scheiterte deutlich, als ich ihn aufforderte, seine Macht zu zeigen, und erklärte, dass es an dem Buch lag, das ich bei mir trug meine Tasche. Dann erlaubte ich einem Indianer, das Buch aus einiger Entfernung mitzunehmen; Und als er immer noch scheiterte, protestierte er, das liege daran, dass ich so viel davon im Kopf oder im Herzen habe. Natürlich verließen sie dieses Gefühl der Angst vor dem Buch schnell, als sie es kennenlernten. Wenn das Christentum angenommen wird, entsteht eine große Liebe für das kostbare Buch, das so viele Informationen über Dinge enthält, über die sie so wenig wissen, und das die Liebe des Großen Geistes für seine indischen Kinder offenbart.

Die Missionare bedienten sich einfacher und primitiver Methoden, um die Silbenzeichen denen beizubringen, die sie nicht kannten, aber unbedingt lernen wollten. Manchmal wurden die Zeichen mit einem Bleistift auf einem Stück Pappe oder Birkenrinde gezeichnet und immer wieder langsam und sorgfältig durchgearbeitet, bis sie vollständig beherrscht waren. Wenn Bleistifte ausgingen, musste als Ersatz das Ende eines verbrannten Stocks oder ein Stück Kohle aus dem Feuer herhalten.

Unsere Illustration zeigt eine meiner Methoden, die ich am Burntwood River weit oben im Nelson River-Gebiet anwende. Ich hatte die Ehre, der erste Missionar zu sein, der jemals die Indianer dieser Gegend erreichte und ihnen das Evangelium predigte. Sie sind eine gute Gesellschaft von Indern, und ich stellte fest, dass die Menschen mit Ausnahme einiger alter Zauberer, Medizinmänner und Polygamisten nicht nur froh waren, mich zu sehen, sondern auch bestrebt waren, das Evangelium unseres Herrn Jesus Christus zu hören und anzunehmen . Ich besuchte sie zweimal im Jahr und begann mit der Arbeit; Aber meinem geliebten ersten Kollegen, Rev. John Semmens, wurde die Aufgabe übertragen, die Mission zu gründen. Bei meinen Besuchen, die ich wie üblich im Winter mit meinen Hunden und im Sommer mit dem Kanu machte, musste ich die Indianer so gut es ging zum Gottesdienst versammeln. Die große Küche des Handelspostens der Hudson Bay Company wurde mir vom verantwortlichen Offizier zur Verfügung gestellt, der der guten Arbeit stets freundlich gesinnt war. Hier und auch in den armen Wigwams der Eingeborenen trafen wir uns, sangen und beteten und erklärten ihnen so gut wie möglich den Plan der Erlösung – Gottes große Liebe zu ihnen.

In dem kurzen, strahlenden Sommer war die Arbeit sehr viel angenehmer. Dann konnten wir unter den wunderschönen Bäumen oder dort, wo die großen Felsen um uns herum aufragten und ihre willkommenen Schatten warfen, die Menschen versammeln und über den liebevollen himmlischen Vater sprechen; nicht nur seiner schöpferischen Kraft, sondern auch seiner erlösenden Liebe in der Gabe seines geliebten Sohnes.

Bei meinen missionarischen Erfahrungen habe ich herausgefunden, dass die Mehrheit der Menschen die Sünde satt hat. Tief im Herzen des Menschen gibt es eine Sehnsucht nach etwas, die erst durch die Annahme des Herrn Jesus Christus wirklich befriedigt wird. Es ist wahr, dass diese inneren Gefühle lange Zeit vor der äußeren Wahrnehmung verborgen bleiben könnten, oder dass man versucht, ihre Gelüste durch die energische Ausübung aller religiösen Zeremonien zu befriedigen, die ihnen in ihrer götzendienerischen oder heidnischen Umgebung offenbart wurden; Aber wenn sie dazu gebracht werden können, ihre Meinung zu sagen und ihre Seelen zu entlasten, ist ihr bitterer Klageschrei ein Ausdruck von Unzufriedenheit und Unruhe. Glücklich ist der Missionar, der das Vertrauen eines so unzufriedenen Volkes so gewinnen kann, dass es ihm die Lasten und Sehnsüchte seines Herzens offenbart. Sein Sieg ist mehr als zur Hälfte gesichert. Christus in seiner Fülle, wenn er ihnen liebevoll präsentiert und von ihnen angenommen wird, ist bald ein befriedigender Teil in ihren Herzen.

Der Missionar stellt immer wieder fest, dass das Buch unter allen Klassen heidnischer Menschen immer als ein geheimnisvolles und wunderbares Buch gilt. Seine wunderbaren Ereignisse ziehen immer an. Sie werden nie müde von den Diensten, bei denen es einen herausragenden Platz einnimmt. Predigten, auch wenn sie stundenlang dauern, werden, wenn sie voller Wahrheiten sind, aufmerksam zugehört.

Eines Tages sagte ich an einem dieser Orte, an denen ich längere Gottesdienste hielt, zu den freundlichen Indern, die um mich herum waren: „Möchten Sie dieses Buch nicht selbst lesen?" Ein Chor herzlicher positiver Antworten war die schnelle Antwort. Wir brauchten nicht lange, um unsere Schule zu organisieren, denn es war tatsächlich eine primitive Angelegenheit. Ich hatte das Glück, eine ganze Menge Silbenbibeln zu besitzen, die wir unter großer Mühe in unserem Kanu mitgebracht hatten. Wir hatten sie über viele Portagen getragen und sie bei so manchen Stürmen vor Verletzungen bewahrt. Außer meinen Bootsleuten kannte niemand in diesem Publikum einen Buchstaben oder eine Silbe. Wir hatten keine Grundschulbücher, die als so wichtig für die Organisation einer Schule angesehen werden, die bei den ersten Prinzipien beginnen muss; wir hatten nicht einmal eine Schiefertafel, einen Bleistift, Papier oder eine Tafel. Allerdings gilt: „Not macht erfinderisch", und so war es auch hier.

In der Nähe befand sich ein riesiger Felsen, der wie ein Haus aufragte und dessen eine Seite so glatt wie eine Mauer war. Dies war ein bewundernswerter Ersatz für eine Tafel. Als Ersatz für Kreide dienten verbrannte Stöcke vom Lagerfeuer, an dem unser Fisch und Bärenfleisch gekocht worden war. (Unsere kleinere Abbildung zeigt sechsunddreißig Silbenzeichen mit ihren Namen.)

Nach ein paar erklärenden Worten begann das Auswendiglernen der Charaktere.

A, E, Oo, Ah. Es war wie bei vielen kleinen Kindern in der Grundschule, die mit A, B, C beginnen. Immer und immer wieder wiederholten wir sie, einen nach dem anderen, bis mein gemischtes Publikum mit den Klängen vertraut wurde. Deshalb haben wir sie stundenlang studiert. Anfangs war das Interesse an der Arbeit sehr groß, und von den alten Männern von achtzig bis zu den Jungen und Mädchen von sechs oder acht Jahren wurde die größte Aufmerksamkeit geschenkt. Sie schienen miteinander zu wetteifern, wer sie am schnellsten besiegen konnte.

Nach einiger Zeit ließ das Interesse deutlich nach, insbesondere bei den älteren Männern, da für sie allein diese Charaktere noch bedeutungslose Laute waren. Einige von ihnen standen auf, zündeten ihre Pfeifen an und teilten ihre Zeit zwischen dem Unterricht und dem Rauchen auf, indem sie umhergingen. Natürlich musste ich sie rauchen lassen. Wäre ich so dumm gewesen, es zu versuchen, wäre es für mich möglicherweise schwierig gewesen, sie aufzuhalten. Also erzählte ich ihnen ein paar nette Geschichten, während wir im Unterricht weiterarbeiteten. Es dauerte nicht viele Stunden, bis einige meiner undisziplinierten Schüler eine ziemlich gute Vorstellung von den Namen der Charaktere hatten. Da ich wusste, dass ich das Interesse der apathischsten unter ihnen wecken konnte, als ich begann, die Charaktere in Worte zu fassen, bat ich sie um ernsthafte Aufmerksamkeit, während ich mit meiner Arbeit fortfuhr.

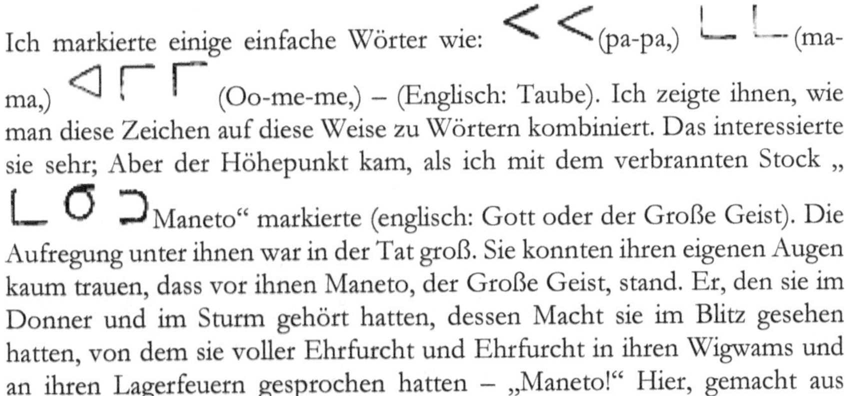

Ich markierte einige einfache Wörter wie: ＜＜ (pa-pa,) ⌐ ⌐ (ma-ma,) ◁ ⌐ ⌐ (Oo-me-me,) – (Englisch: Taube). Ich zeigte ihnen, wie man diese Zeichen auf diese Weise zu Wörtern kombiniert. Das interessierte sie sehr; Aber der Höhepunkt kam, als ich mit dem verbrannten Stock „⌐ ō ⊃ Maneto" markierte (englisch: Gott oder der Große Geist). Die Aufregung unter ihnen war in der Tat groß. Sie konnten ihren eigenen Augen kaum trauen, dass vor ihnen Maneto, der Große Geist, stand. Er, den sie im Donner und im Sturm gehört hatten, dessen Macht sie im Blitz gesehen hatten, von dem sie voller Ehrfurcht und Ehrfurcht in ihren Wigwams und an ihren Lagerfeuern gesprochen hatten – „Maneto!" Hier, gemacht aus einem verbrannten Stock auf einem für ihre Augen sichtbaren Felsen, war dieser Name: *Gott auf dem Felsen*! Es war tatsächlich eine Offenbarung. Etwas, das sie erfüllte und begeisterte, wie ich noch nie zuvor oder seitdem Inder so begeistert gesehen habe.

Eine Zeit lang konnte ich nur schweigen, zuschauen und mich freuen, während ich sie studierte. Einige von ihnen zweifelten in ihrem Erstaunen an ihren eigenen Sinnen. Sie taten so, als könnten sie ihren eigenen Augen nicht trauen; Also wandten sie sich an diejenigen, die ihnen am nächsten standen, und sagten:

„Ist es Maneto für dich?"

Man bemerkte, dass andere sich die Augen rieben, als fürchteten sie, dass ihnen durch irgendeinen Zauber eine schlechte Medizin verabreicht worden sei, und sie sahen „doppelt", um es in ihrer indianischen Ausdrucksweise auszudrücken.

Es gab keine Unaufmerksamkeit mehr. Jede Pfeife erklang und jedes Auge folgte mir, als ich in diesen Silben auf den Felsen schrieb: „Gott ist Liebe." Nachdem ich ein wenig darüber gesprochen habe. Dann schrieb ich: „Gott liebt dich." Darauf folgten weitere kurze Sätze voller gesegneter Wahrheiten des Evangeliums. So vergingen einige Stunden auf diese entzückende Weise, und bevor sie zu Ende waren, waren viele meiner Schüler mit der Bildung von Wörtern aus diesen Schriftzeichen ziemlich vertraut geworden.

Dann öffneten wir unser Bündel Bibeln, und indem ich sie so weit wie möglich herumreichte, ließ ich sie alle den ersten Vers des ersten Kapitels der Genesis aufschlagen. Nach einer Erklärung einiger zusätzlicher Zeichen, die sie dort auf der gedruckten Seite sahen und die dem Klang des Silbenzeichens, dem sie zugeordnet sind, eine gewisse Variation verleihen, begannen wir mit dem Studium des Verses. Natürlich kamen wir zunächst nur langsam voran. Unter solchen Umständen könnte es nicht anders sein. Aber wir hielten geduldig durch und es dauerte nicht lange, bis sie in ihrer eigenen Sprache lesen konnten: „Ma-wache Nistum Kaesamaneto Keoosetou Kesik Mesa Askee" (Am Anfang schuf Gott den Himmel und die Erde).

Als sie die Fähigkeit erlangt hatten, diesen Vers selbst zu lesen, und ein wenig von seiner Bedeutung erfasst hatten, kam es zu einem weiteren Freudenausbruch. Dieser erste Vers der Genesis ist sehr anregend und bedeutungsvoll für jeden, egal wie gelehrt er ist, der sich damit befassen möchte. Es ist an sich das erste Kapitel von Gottes Offenbarung seiner selbst an den Menschen und hat lange Zeit die Aufmerksamkeit und das Studium der Gottesfürchtigsten und Tiefsinnigsten in Anspruch genommen. Hier wurde es zum ersten Mal von einer Gruppe armer Inder gelesen, die gerade

aus dem Heidentum hervorgegangen waren. Aber sie waren scharfsinnig und
scharfsinnig und fähig, eine neue Wahrheit zu begreifen; Und als ihnen der
Vers zum ersten Mal mit seiner wundersamen Bedeutung vor Augen geführt
wurde, war ihre Freude und ihr Erstaunen groß.

„Jetzt wissen wir alles darüber!" einige von ihnen schrien. „Der Kaesa-
Maneto (der große Gott) hat all diese Dinge geschaffen, den Himmel und die
Erde."

Andere sagten:

„Unsere Väter sprachen in ihren Wigwams darüber und fragten sich, wie all
diese Dinge so zustande kamen, wie sie sind; aber sie mussten bekennen, dass
sie sich in der Dunkelheit befanden und nichts wussten. Aber jetzt wissen wir
es! Wir wissen es!"

Sie lasen den Vers immer wieder, bis sie ihn vollständig auswendig gelernt
hatten. Und in späteren Tagen wurde es an vielen Lagerfeuern und in vielen
Jagdhütten anderen wiederholt, die es nicht gehört hatten, die aber, als sie es
hörten, ebenfalls von Befriedigung und Freude über die Antwort erfüllt
waren, die es auf das gab, was es gehört hatte war schon lange Gegenstand
von Verwirrung und Ehrfurcht.

Tag für Tag folgte vor diesem Felsen das Studium anderer Verse. Zuerst
natürlich langsam, aber mit zunehmender Vertrautheit mit den Silben
steigerte sich das allmählich. So lernten diese eifrigen, interessierten Inder
inmitten dieser primitiven Umgebung und widmeten sich mit solchem Eifer
ihrer Arbeit, dass einige von ihnen, obwohl sie noch nie in ihrem Leben einen
Tag zur Schule gegangen waren, nach zehn Tagen oder zwei Wochen lesen
konnten fließend das Wort Gottes in ihrer eigenen Sprache sprechen. Kein
Wunder, dass der große Lord Dufferin, damals Generalgouverneur des
Dominion of Canada, zu mir sagte:

Der Mann, der dieses Silbenalphabet erfand, war einer der großen Wohltäter
der Menschheit und verdiente mehr eine Rente, einen Titel und eine
Ruhestätte in der Westminster Abbey als viele, die dort begraben wurden.

Einige Jahre lang wurde den christlichen Indianern in einigen Missionen nur
die Kenntnis dieser Silbenzeichen beigebracht und sie konnten daher nur die
damit gedruckten Bücher lesen. Mittlerweile wird jedoch in allen Schulen
auch die englische Sprache unterrichtet und unser gemeinsames Alphabet ist
allgemein in Gebrauch. Das Ergebnis ist, dass viele der jüngeren Generation
Englisch verstehen, sprechen und lesen. Unter ihnen zirkulieren englische
Bibeln, und viele der jüngeren Leute bevorzugen bereits die englische Bibel
gegenüber der indischen Übersetzung. Dennoch verstehen alle älteren
Menschen nur die Silbenzeichen; und so wird diese wunderbare Erfindung
auch in den kommenden Jahren noch genutzt werden und weiterhin ein

Segen sein. Gesangbücher, Katechismen, der Pilgrim's Progress und einige andere Bücher religiösen Charakters wurden in den Silben gedruckt und werden von ihren indischen Lesern sehr geschätzt und häufig verwendet.

Alle Kirchen, die in diesen riesigen nördlichen Regionen missionarische Arbeit leisten, haben sich die Erfindung von Herrn Evans zunutze gemacht. Bei anderen Stämmen als den Cree, deren Sprache unterschiedliche Laute hat, wurden einige zusätzliche Zeichen hinzugefügt. Sogar in Labrador und Grönland nutzen die hingebungsvollen mährischen Missionare, die dort arbeiten, erfolgreich die Silbenzeichen, um den armen wandernden Esquimaux beizubringen, wie man das Wort Gottes in seiner eigenen unhöflichen Sprache liest.

Kapitel sechs.

Die Geschichte von Sandy Harte.

Von all meinen Terminen war der Termin bei Nelson River derjenige, der mir vielleicht die größte Freude und Befriedigung bereitete. Im Oxford House hatten wir eine größere Anzahl konvertierter Indianer; aber diese Mission war schon lange organisiert, und fromme und ernsthafte Männer, wie die Reverend Herren Brooking und Stringfellow, hatten ihr Jahre ehrlicher, selbstverleugnender Arbeit gewidmet. Nelson River hingegen war ein neues und unerprobtes Feld, in das ich als erster Missionar gehen durfte.

Unter den vielen großen Bekehrten, die dort glücklich aus der Dunkelheit und der Macht des Heidentums gerettet wurden, gibt es eine wunderschöne Persönlichkeit, die jetzt die rechte Hand des ansässigen Missionars ist. Sein Name ist Sandy Harte. Meine Bekanntschaft mit ihm war eigenartig. Der Tag war von seltener Schönheit, und ich hatte den Vormittag damit verbracht, einer Reihe von Erwachsenen und indischen Kindern beizubringen, wie man das in Silbenbuchstaben gedruckte Wort Gottes liest. Während der Mittagsruhe betrat ich das Birkenrinden-Wigwam eines der bedeutendsten Indianer und war natürlich überrascht, einen gut aussehenden Indianerjungen zu beobachten, der auf einem Bett aus Kaninchengewändern und Decken ausgestreckt lag, während die anderen Jungen verschiedenen Sportarten nachgingen. Ich wandte mich an ihn und sagte:

„Warum liegst du an diesem schönen Tag hier?"

Mit einer plötzlichen Bewegung riss er das Obergewand, das über ihm lag, weg, zeigte auf seinen zerschmetterten Oberschenkel und sagte mit bitterer Stimme:

„Missionar, das ist der Grund, warum ich hier bin, anstatt mit den anderen Jungen in der Sonne zu sein."

Der verzweifelte Ton, die nachdrückliche Äußerung weckten sofort mein Mitgefühl und lösten in mir ein tiefes Interesse für diesen verwundeten Jungen aus, der so hilflos war und nicht wusste, zu welcher Stunde er nach dem vorherrschenden Brauch hingerichtet werden könnte. Die herzlose Argumentation dieser Indianer in solchen Fällen war folgende: Er wird immer lahm und hilflos sein; Warum sollte er seinen Freunden zur Last fallen? lasst uns ihn sofort töten; es wird für ihn und sie besser sein. Allerdings hatten sie die Tötung dieses Jungen aufgeschoben, da er der Sohn des Häuptlings war.

Nachdem ich seine Wunde untersucht und einige Anweisungen zur Behandlung gegeben hatte, setzte ich mich neben ihn und hörte von seinen Lippen die traurige Geschichte des Unglücks, das ihn ein Leben lang verkrüppelt hatte. Es scheint, dass er und ein anderer Junge auf Rebhühner- und Kaninchenjagd waren. Während Sandy durch den Wald ging, ging versehentlich die Waffe seines Kameraden los und der Inhalt ergoss sich in sein Bein. Der Knochen war stark zersplittert und die Muskeln so verletzt und zerrissen, dass es absolut unmöglich war, jemals wieder darauf laufen zu können.

Nachdem ich mich ausführlich mit ihm unterhalten hatte, fragte ich ihn, ob er gerne das Wort Gottes lesen möchte. Seine strahlenden Augen strahlten vor Freude, und seine Antwort drückte so große Sehnsucht aus, dass ich sofort mit der ersten Unterrichtsstunde begann. Ich saß neben ihm auf dem Boden, zeichnete die Silbenzeichen und verbrachte etwa eine Stunde damit, sie ihm beizubringen. Er hatte ein sehr gutes Gedächtnis und war äußerst bestrebt, so schnell wie möglich zu lernen. Deshalb pflegte ich jeden Tag, wenn ich mit dem Unterrichten für die Menge junger und alter Leute fertig war, zum Wigwam hinüberzugehen, wo er lag, um ihm zusätzlichen Unterricht zu erteilen; und er war so sehr interessiert, dass ich das Gefühl hatte, für meine Mühe belohnt worden zu sein.

Da ich Hunderte von Kilometern von zu Hause entfernt war – da ich diesen langen Weg mit ein paar Indianern in einem Birkenkanu zurückgelegt hatte – und es noch eine Reihe anderer Punkte gab, an denen ich anhalten und Missionsarbeit leisten wollte, war ich gezwungen, meinen Besuch mitzubringen an diesem Ort nach ein paar Wochen zu Ende. Aber bevor ich ging, hatte ich ein informelles Gespräch mit Murdo, Oowikapun und einigen anderen freundlichen Indern.

„Wie schade", rief ich, „dass Sandy keine Ausbildung erhalten konnte!" Wenn er nur die nötige Bildung hätte, um Ihr Lehrer zu sein, was für eine gute Sache wäre das! Denn neben einem Missionar, der ständig unter euch lebt, wäre ein frommer Lehrer das Beste, was ihr haben könnt. Er wird sein Bein nie wieder voll gebrauchen können und daher kein großer Jäger werden können; aber wenn er eine Ausbildung hätte, wäre er vielleicht ein Segen für euch alle!"

Dann verabschiedete ich mich von den Nordindianern, die mich so freundlich aufgenommen hatten, und mit einigen Abschiedsworten, insbesondere mit der Bitte, den verwundeten Jungen freundlich zu versorgen, setzte ich meine abenteuerliche Reise fort.

Während wir von Ort zu Ort reisten, erlebten wir viele seltsame Abenteuer. Wir erschossen einen schönen Schwarzbären und genossen es, bei unserer ersten Mahlzeit nach unserem Kampf mit ihm seine Rippen zu pflücken. Bei seiner Aufnahme war ich sehr daran interessiert zu beobachten, wie die menschliche Erfahrung den tierischen Instinkt übertreffen konnte. In einigen wilden und tückischen Stromschnellen konnten wir nur knapp entkommen, wobei wir einen Teil des Inhalts unseres Kanus verloren und fast alle ertrunken wären, bevor es uns gelang, das Ufer zu erreichen. Dieser Verlust war umso deutlicher zu spüren, als es an einem so isolierten Ort völlig unmöglich ist, die Vorräte wieder aufzufüllen. Nach mehreren solchen Pannen gelang es uns jedoch, unser Programm durchzuführen; und gelangte schließlich sicher nach Hause.

Kurz darauf setzte der lange Winter mit sieben bis acht Monaten bitterer Kälte ein. Einige Wochen lang war ich mit häuslichen Angelegenheiten und den Angelegenheiten des örtlichen Missionstermins beschäftigt. Sobald jedoch die großen Seen und Flüsse vollständig zugefroren waren und genügend Schnee fiel, um meine Winterreisen antreten zu können, spannte ich meine Hunde an und reagierte mit meinem Führer und den Hundeführern, soweit möglich , zu den vielen Aufrufen, die Geschichte des Großen Buches zu erzählen.

In diesem Winter gab es so viele mazedonische Anrufe von anderen Orten, dass ich keinen Ausflug nach Nelson River machte. Dies bedauerte ich zutiefst, denn obwohl es das am weitesten entfernte war, war es doch eines der vielversprechendsten und ermutigendsten aller neuen Gebiete, in die ich gegangen war.

Ungefähr in der Mitte des darauffolgenden Sommers, als ich die Herrlichkeit eines herrlichen Sonnenuntergangs genoss, sah ich ein Kanu mit einigen Indianern darin auf unser Haus zufahren. Als sie gelandet waren, kamen zwei von ihnen sofort auf mich zu, begrüßten mich sehr herzlich und bevor ich ihre Grüße vollständig erwidern oder mich erinnern konnte, wo ich sie zuvor gesehen hatte, riefen sie aus:

„Wir erinnern uns an deine guten Worte – und wir haben Sandy mitgebracht."

„Sandy entlang! Wer ist Sandy?" Ich fragte.

„Na ja, Sandy Harte – du erinnerst dich an ihn – den Jungen, dem ins Bein geschossen wurde – den, den du immer hingebracht hast, um zu unterrichten; Wir haben ihn mitgebracht, denn wir erinnern uns an deine Worte über ihn, die für uns so süß waren."

„Was waren meine Worte?" Ich fragte, denn ich konnte mich in diesem Moment nicht an sie erinnern.

„Ihre Worte waren: Wie schade, dass Sandy keine Bildung hat! Wenn er gebildet wäre, könnte er für Sie alle ein großer Segen sein. Wir haben es nicht vergessen. Wir haben oft darüber gesprochen. Was Sie uns aus dem Großen Buch gesagt und gelehrt haben, war so gut, dass wir hungrig nach mehr sind. Wir sind bereit, uns belehren zu lassen. Du kannst nicht immer kommen. Wir möchten, dass jemand bei uns ist, der etwas weiß; Deshalb haben wir Sandy den ganzen Weg im Kanu mitgenommen, damit sie von Ihnen unterrichtet wird. und dann, um zu uns zurückzukommen, damit wir von ihm erfahren."

Darin lag kein Fehler vor. Da war Sandy in der Mitte des Kanus und blickte zu mir auf, mit diesen strahlend schwarzen Augen, die mich in diesem weit entfernten Wigwam so angezogen hatten.

Ich ging zum Kanu hinunter, sprach freundlich mit dem Jungen, schüttelte ihm die Hand und lud alle Indianer in mein Haus ein.

Nachdem ich sie meiner guten Frau vorgestellt hatte, erzählte ich ihr Sandys Geschichte; und wie sie sich an meine Worte von vor einem Jahr erinnerten und ihn auf diese lange Reise mitgenommen hatten, um ihn in unsere Obhut zu geben: völlig unfähig, irgendetwas für seine Unterstützung zu tun, gestehe ich, dass ich es im Moment bereut habe, so gewesen zu sein schnell im Aussprechen von Worten, die von diesen Indianern so ausgelegt worden waren und die uns diesen wilden, verwundeten Indianerjungen anvertraut hatten.

Es war die Zeit der ersten Riel-Rebellion in Manitoba, und obwohl wir weit nördlich des eigentlichen Schauplatzes der Rebellion lebten, waren unsere Vorräte in so großem Maße abgeschnitten, dass wir nur mit sehr knappen Rationen auskommen mussten. Oftmals nahmen wir durchschnittlich nicht mehr als zwei Mahlzeiten am Tag zu uns, und häufig wussten wir beim Frühstück nicht, aus welchem Viertel unser Abendessen kommen würde. Und jetzt, als wir am Rande des Verhungerns standen, kam dieser außergewöhnliche Zuwachs in unsere Familie, der einen weiteren Mund zum Füttern und einen weiteren Körper zum Anziehen bedeutete. In unserer großen Armut war dies tatsächlich eine Glaubensprüfung!

Nachdem ich die Angelegenheit mit meiner tapferen, großherzigen Frau besprochen und um göttliche Weisung gebeten hatte, sagte die edle Frau:

„Der Herr ist darin, und Er, der den Mund zum Füllen gesandt hat, wird sicherlich alle unsere zusätzlichen Bedürfnisse senden."

Also nahmen wir Sandy fröhlich in unserem Haus auf und machten ihn zu einem Teil unserer Familie. Er befand sich in mehr als einer Hinsicht in einem beklagenswerten Zustand. Dieser arme, verwundete Indianerjunge stammte aus einer wilden Gruppe von Indianern, die keinerlei Ahnung von Sauberkeit und den Gewohnheiten und Anforderungen der Weißen hatten, und musste viel lernen; und aufgrund seiner Unwissenheit und seiner Vorurteile hatten wir zunächst viele Gelegenheiten, Geduld und Nachsicht zu üben.

Wie Sandy erobert wurde.

Wie fast alle heidnischen Indianer hatte Sandy Vorurteile gegenüber Frauen, und es war zunächst schwierig, ihn dazu zu bringen, den Worten der Frau des Missionars Aufmerksamkeit zu schenken. Er empfand es als demütigend und erniedrigend, der Bitte einer Frau zu gehorchen oder ihr auch nur die geringste Beachtung zu schenken. Dennoch behandelten wir ihn beide mit größter Freundlichkeit und hofften und beteten, dass die Zeit und die Gnade Gottes die für ihn notwendigen Veränderungen herbeiführen würden.

Er war ein kluger Gelehrter, machte in seinen Studien rasch Fortschritte und konnte nach wenigen Monaten in seiner eigenen Sprache lesen. Eine Zeit lang weckte die Neuheit seiner neuen Umgebung sein Interesse und er schien sich ganz zu Hause zu fühlen. Er gewann viele Freunde unter unseren christlichen Indianern, die sich sehr für ihn interessierten, als sie erfuhren, auf welche besondere Weise er uns in die Hände geworfen worden war. Er besuchte die Sonntagsschule und besuchte auch die verschiedenen Gottesdienste in der Kirche; Aber lange Zeit schien es, als ob es nur aus bloßer Neugier geschah oder weil andere es taten.

Als der erste lange Winter nach seiner Ankunft zu Ende war und der Frühling wieder da war, bekam Sandy großes Heimweh und sehnte sich danach, in sein weit entferntes Wigwam-Zuhause zurückzukehren. Der Anblick von plätschernden Wassern und fließenden Bächen überforderte seinen wilden, ungezähmten Geist, und die Disziplin eines zivilisierten Zuhauses reizte ihn, und er wurde niedergeschlagen und elend. Wir alle bemerkten seine Unruhe; aber er redete freundlich mit ihm und drängte ihn, sich auf seine Lektionen zu konzentrieren, damit er schneller in sein wildes, freies Leben in seiner fernen Heimat zurückkehren könne. Aber je mehr wir zu ihm sagten, desto schlimmer schien es ihm zu gehen, bis er es für uns alle sehr unangenehm machte.

Anstatt zur Schule zu gehen, humpelte er eines Tages auf Krücken zu einem malerischen Landpunkt, der weit in den See hinausragte. Am Abend kam die Lehrerin zum Missionshaus und erkundigte sich, warum Sandy an diesem Tag nicht in der Schule gewesen sei. Das war uns natürlich neu. Wir waren sofort sehr beunruhigt und machten uns sofort auf die Suche nach dem Abwesenden. Nach etwa einer Stunde Suche, an der sich eine ganze Reihe Indianer beteiligten, wurde Sandy zusammengerollt zwischen den Felsen auf der Landzunge gefunden und weinte bitterlich um sein Zuhause am Nelson River.

Nachdem ich alle meine Überzeugungskräfte erschöpft hatte, erkannte ich, dass ich meinen Umgangsstil mit ihm ändern musste. Ich schien sehr empört zu sein, nahm einen großen Stock, stürzte mich auf ihn und befahl ihm streng, aufzustehen und so schnell wie möglich zu unserem Haus zurückzukehren. Mit einem ängstlichen Blick in mein Gesicht, um zu sehen, wie viel ich meinte, sprang er auf und eilte zurück zum Missionshaus. Ich tadelte ihn streng und fragte ihn unter anderem, ob er ein solches Verhalten seinerseits für eine faire Gegenleistung halte für all unsere Freundlichkeit ihm gegenüber. Dann sagte ich scharf zu ihm:

„Geh hinauf in dein Zimmer und bring all deine zerrissenen und schmutzigen Klamotten und Mokassins herunter."

Mit traurigem Blick gehorchte er und kehrte bald mit seinem Bündel zurück. Nachdem ich mir das Grundstück angesehen hatte, nahm ich sie ihm weg; Sie rief eine Inderin herbei, gab ihr etwas Seife und Nähmaterial und sagte ihr, sie solle all diese Dinge nehmen, sie schön waschen und ausbessern und sie mir zurückbringen, und ich würde sie für ihre Mühe bezahlen. Als er sah, dass seine Kleider verloren gingen, war er in großer Verwirrung und Bedrängnis, da er überhaupt nicht sicher war, ob sie ihm zurückgegeben würden. Tatsache war, dass er damals eine Menge Eitelkeit an sich hatte, und ich stellte fest, dass er sehr stolz auf die Kleidung geworden war, die wir ihm anstelle der elenden Kleidung gegeben hatten, in der er zu uns gebracht worden war. Der drohende Verlust von allem, was er hatte, außer dem, was er trug, war für ihn ein schreckliches Unglück. Ich ließ ihn einige Stunden lang trauern, sagte nur wenig zu ihm und war entschlossen, seinem Unsinn ein Ende zu setzen, der nur ihn selbst und andere schädigte miserabel.

Als das Bündel sauberer Kleidung zurückkam, fügte ich neue Hosen, Hemden, Mokassins, ein buntes Taschentuch und einen Hut hinzu; dann, auf die freundlichste Art und Weise, mit liebevollen Worten. Ich habe ihm das ganze Bündel gegeben. Armer Junge! er war verwirrt und erstaunt. Er konnte seinen Dank nicht aussprechen; aber seine glitzernden, von Tränen verdunkelten Augen verrieten uns, dass er geheilt und besiegt war. Die strenge Lektion musste nie wiederholt werden.

Aber er war sehr ratlos. Es war eine völlig andere Behandlung als die, die er gewohnt war. Diese Kombination aus Strenge und Freundlichkeit war ihm so rätselhaft, dass er offensichtlich nicht aufhören konnte, darüber nachzudenken und sich darüber zu wundern. Eines Tages, als er nichts zu tun hatte, ging er hinüber, um über das Thema mit einem der Inder zu sprechen, der ein vernünftiger Christ und ein großer Freund von ihm war.

„Ich kann unseren Missionar nicht erkennen", sagte Sandy. „Als er mich bis zu dem Punkt verfolgte, an dem ich mich versteckt hatte, schien er sehr wütend zu sein und ergriff einen großen Stock, als wollte er mich schlagen. Tatsächlich hat er mich fast zu Tode erschreckt, obwohl er mich kein einziges Mal geschlagen hat. Nachdem er mich so eilig zum Haus zurückbeordert hatte, ließ er mich alle meine Kleider hervorholen und gab sie einer Frau zum Abtragen. Natürlich hätte ich nie damit gerechnet, sie wiederzusehen, aber ich habe es getan – sie kamen sauber und geflickt zurück, und er hatte ihnen noch viel mehr hinzugefügt. Ich kann es nicht verstehen. Der Missionar schien zunächst, als würde er mich verprügeln, dann drehte er sich um und gab mir all diese guten Dinge."

Von dem christlichen Indianer, zu dem Sandy gegangen war, erfuhren wir anschließend alles über dieses Interview. Er sagte, er habe sich von dem Jungen seine Schwierigkeiten erzählen lassen und ihm dann eine lange, treue Ansprache gehalten. Hier ist der Inhalt seiner Antwort an Sandy.

„Der Missionar und seine freundliche Frau sind hierher gekommen, um uns Gutes zu tun. Sie haben ihre Freunde weit weg gelassen. Sie waren viele Tage auf ihrer Reise in dieses Land und haben viele Strapazen erlitten. Als deine Freunde dich hierher brachten, nahmen sie dich bei sich zu Hause auf und behandelten dich nicht wie einen Diener, sondern wie einen Angehörigen ihrer eigenen Familie. Es gibt keinen Indianer im Dorf, aber wir würden gerne mit Ihnen den Platz tauschen und so behandelt werden, wie Sie es gewohnt sind. Wenn sie Essen haben, teilen sie es zu gleichen Teilen mit Ihnen. Sie haben Medikamente und Verbandsmaterial für Ihr schmerzendes Bein erhalten. Du bist gut gekleidet. Sie waren für Sie wie Eltern. Dennoch warst du nicht dankbar. Du hast sehr dumm gehandelt. Du bist von der Schule weggelaufen und hast dich versteckt. Du hast ihre Herzen beunruhigt, aus Angst, dass dir ein schwerer Unfall passiert ist. Das Schlimmste ist, dass Sie Ookemasquao (der Frau des Missionars) nicht so gehorchen, wie Sie es sollten. Weißen Damen gebührt ebenso viel Gehorsam und Respekt wie Männern. Doch trotz all Ihrer Dummheit und Sturheit waren sie sehr geduldig mit Ihnen. Sie hofften immer wieder, dass man mit zunehmendem Alter weiser werden würde; Aber es geht dir in letzter Zeit so viel schlechter, dass der Missionar hart mit dir umgehen musste. Ihm jedoch taten Sie leid; sein Herz war die ganze Zeit freundlich zu dir; Und als du zurückkamst, zeigte er dir seine Liebe durch seine Geschenke. Wir alle sehen, dass der Missionar und seine Frau Ihnen gegenüber nichts anderes im Herzen hegen als Liebe. Aber Sie müssen gehorsam sein und dankbar sein. Sie beten viel für Sie und hoffen, dass Sie dennoch ein guter Christ werden und irgendwann in der Zukunft ein großer Segen für Ihr eigenes Volk sein werden."

So sprach dieser vernünftige christliche Inder mit Sandy, und es war für ihn eine Offenbarung. Von diesem Tag an vollzog sich in ihm eine entscheidende Veränderung zum Besseren. Er wurde gehorsam und fleißig und war stets bestrebt, im Gegenzug für die ihm entgegengebrachte Freundlichkeit sein Möglichstes zu tun. Er war ein großartiger Schütze, und er und ich unternahmen gemeinsam einige schöne Ausflüge zum Ammernfischen und Angeln. Da seine Lahmheit die erfolgreiche Jagd an Land beeinträchtigte, seine Geschicklichkeit im Umgang mit dem Paddel jedoch nicht beeinträchtigte, kaufte ich ihm ein leichtes Kanu, mit dem er viele kurze Ausflüge unternahm.

Wie alle indischen Jungen war er sehr geschickt im Umgang mit Pfeil und Bogen. Ich erinnere mich an eine Ausstellung seiner Schnelligkeit und seines Könnens, die mich fast in Erstaunen versetzten. Ich hatte ihn auf einen Schießausflug zu einem Ort namens Old Fort mitgenommen. Der Name rührt daher, dass die Hudson Bay Company viele Jahre zuvor dort einen Handelsposten für den Verkehr mit den Indianern hatte. Es war viele Jahre lang verlassen gewesen, aber in seiner Nähe befanden sich einige wichtige Jagdgründe. Dieser Ort, zu dem Sandy und ich gegangen waren, um Enten zu fangen, war etwa zwanzig Meilen von unserem Zuhause entfernt. Diese Strecke hatten wir mit unserem Kanu zurückgelegt und es gelang uns recht gut, unsere Speisekammer wieder aufzufüllen. Während wir vorsichtig paddelten, sahen wir in einiger Entfernung vor uns eine schöne große Stockente schwimmen. Als wir dachten, wir seien in Reichweite, hob Sandy, der sich im Bug des Kanus befand, vorsichtig seine Waffe und feuerte. Ob es an der Bewegung des Kanus lag oder nicht, kann ich nicht sagen; aber er hat die Ente verpasst. Blitzschnell warf er sein Gewehr nieder, holte Pfeil und Bogen ein und feuerte auf die Ente, die natürlich sofort aufgestanden war und direkt vor uns davonflog. Stellen Sie sich meine Überraschung und Freude vor, den Pfeil so zielsicher fliegen zu sehen, dass er die Ente durchbohrte und sie plötzlich in den Fluss hinunterschleuderte.

Dadurch wurde Sandy nicht nur ein weiserer und besserer Junge, sondern er war zeitweise auch auf seine Weise recht hilfsbereit und kehrte von einigen Jagdausflügen mit einer ganzen Reihe von Kleinwild zurück, was die Rechnung unseres Haushalts erheblich vergrößerte. Wir lobten ihn für sein Können und seinen Fleiß und stellten sehr schnell fest, dass freundliche, liebevolle Worte die höchste Belohnung waren, die man ihm geben konnte. Armer Junge! er hatte im Heidentum nur wenige davon gehabt; Und nun waren sie von uns, die er zu respektieren und zu lieben gelernt hatte, wie Wasser für eine durstige Seele.

Sandys Bekehrung.

Ungefähr ein Jahr nach dieser Unannehmlichkeit mit Sandy begann unter unseren Indianern eine sehr wohltuende Erweckung, die sich weit und breit ausdehnte. Es war das Ergebnis jahrelanger Lehr- und Predigttätigkeit zahlreicher hingebungsvoller Missionare und großer persönlicher Bemühungen, die Menschen zu einer Entscheidung für das Christentum zu bewegen. Ich hatte mit großer Freude beobachtet, dass die Gebetstreffen und andere gesellschaftliche Gottesdienste durch die Anwesenheit von Indern, die schon seit langem unter religiösen Einflüssen standen, sich aber noch nicht ganz Christus hingegeben hatten, stark wuchsen. Selbst unter den heidnischen Indern gab es weniger Widerstand gegen das Christentum und eine größere Bereitschaft, das Wort Gottes zu hören als je zuvor. Zuweilen zeigte sich dieser Geist auf eine Weise, die den meisten Menschen so vorkam, als ob sie viel Selbstsucht verspüren würden. Eines Tages, sehr früh am Morgen, stürmte beispielsweise der Häuptling in unser Missionshaus und äußerte diese außergewöhnliche Aussage:

„Missionar, es gibt viele heidnische Indianer im Fort. Sie sind es, mit denen Sie darüber gesprochen haben, Christen zu werden. Ich komme gerade von einem Besuch bei ihnen und habe sie gedrängt, ihren alten Weg aufzugeben; Sie sagten zu mir: ‚Sagen Sie Ihrem Missionar, wenn er uns eine gute Mahlzeit Kartoffeln gibt, werden wir dreimal kommen und ihn predigen hören!‘"

Zweifellos werden viele über dieses seltsame Angebot – diesen seltsamen Warenaustausch – lächeln; Doch wir, die wir vor Ort waren und uns noch vor Kurzem an die hochmütige Sturheit derselben Indianer erinnerten, waren froh, dies von ihnen zu hören. Wir haben die Herausforderung umgehend angenommen und die Kartoffeln geliefert. Was für einen Appetit hatten sie! Aber sie erfüllten ihren Teil des Vertrags und hörten während der drei Gottesdienste aufmerksam zu – und rauchten. Sie waren danach immer freundlich; und in den folgenden Jahren wurden einige von ihnen aufrichtige Christen. Es lohnt sich, die Wahrheit ins Herz zu bekommen, auch wenn wir zunächst den Magen mit Kartoffeln füllen müssen!

Sandy war so darauf bedacht, unsere Zustimmung zu gewinnen, dass wir wussten, dass er bereit und mutig genug war, jeden von uns vorgeschlagenen Standpunkt einzunehmen. Aber wir waren so sehr darauf bedacht, dass seine Entscheidung für Christus auf einer tieferen, festeren Grundlage gründen sollte als auf dem bloßen Wunsch, uns zu gefallen, dass wir im Gespräch mit ihm keine besondere persönliche Überzeugung brauchten, um ihn zu einer Entscheidung für den Herrn zu bewegen Jesus. Durch sein Leben wurde uns klar, dass der gute Geist gnädig auf sein Herz wirkte und dass er einer tiefen religiösen Überzeugung stand.

Und bald kam die gesegnete Stunde. Eines Nachmittags, als ich die große Zuhörerschaft, die sich in der Kirche versammelt hatte, auf das Vorrecht und die Notwendigkeit einer sofortigen Entscheidung für Christus drängte, sprang Sandy zusammen mit anderen von seinem Platz neben der Tür auf und trat zum Gebet vor. Seine erste hörbare Bitte klingt noch immer in meinem Ohr, als wäre sie erst gestern ausgesprochen worden:

„O Tapa-yechekayan, Kiss-awa-totawenan!" (Oh Herr, erbarme dich meiner!)

Ich kniete neben ihm und zeigte ihn auf den lieben Erlöser – den Freund des Sünders. Ich zitierte die süßen Verheißungen des gesegneten Buches und versicherte ihm, dass sie für ihn galten. Er weinte und sehnte sich zutiefst nach der Gewissheit, dass er sogar ein persönliches Interesse an dem Gekreuzigten hatte. Es wurden ernsthafte Gebete für ihn und andere gesprochen, die wie er auf der Suche nach der kostbaren Perle waren. Wir sprachen mit ihm über die Liebe Gottes, wie sie in Jesus offenbart wurde. Wir versuchten, ihm den Weg des Glaubens zu erklären – den einfachen Erlösungsplan. Dieser beste aller Lehrer, dieser unfehlbare Führer, der Heilige Geist, brachte die Wahrheit in sein Herz; und unsere liebe Sandy sah den Weg und glaubte vorbehaltlos an den Herrn Jesus. Er war ein liebenswürdiger Sänger und hatte oft mit uns an unserem Familienaltar Andachtslieder gesungen ; aber jetzt wie nie zuvor sang er in seiner eigenen Musiksprache die Übersetzung des Verses „Mein Gott ist versöhnt" usw.

> „Ma' to noo-too-ta-min
> Ne-pa-tan ae-sit, Ak-wa a-wa-ko-mit Na-ma-ne-say-ke-sin,Wa-na-tuk-ne- pa-hi-to-tanAbba No-ta ae-tae-yan."

Müssen wir noch hinzufügen, dass unser Indianerjunge, der uns auf so seltsame Weise anvertraut wurde, von dieser Stunde an doppelt lieb und wertvoll war! Wir hatten monatelang Kummer und Sorgen um ihn gehabt, und Freunde, sowohl Weiße als auch Inder, hatten gedacht und uns erzählt, dass das, was wir für ihn taten, „verlorene Liebesmühe" sei. Wie dankbar waren wir in dieser frohen Stunde seiner klaren und schönen Bekehrung, dass wir durchgehalten hatten? Wir konnten uns des Gefühls nicht erwehren, dass sein Kommen zu uns von Gott kam, und trotz aller Entmutigungen hatten wir es nicht gewagt, unsere Aufgabe aufzugeben. Wir hatten es als Vertrauen angenommen, obwohl es zu einer Geduldsprobe wurde; Doch als sich die Wolken lösten, hatten wir unsere überaus große Belohnung.

Von diesem Tag an war seine Anwesenheit in unserem bescheidenen Missionsheim ein Segen. Er wurde ein sehr frommer und ehrfürchtiger Schüler des Wortes Gottes; und als ihm die gesegneten Wahrheiten offenbart wurden, hatte er viele Fragen zu stellen, so dass wir viele liebevolle Gespräche über das heilige Buch führten. Oft strömte sein Herz über vor Dankbarkeit und Dankbarkeit gegenüber Gott, und er rief aus:

„Oh Missionar, diese Worte liegen mir sehr am Herzen!"

Stundenlang mit der aufgeschlagenen Bibel vor sich auf den Knien zu verbringen, war für Sandy keine Seltenheit. Und wenn er mit strahlendem Gesicht aus seinem Obergemach herunterkam, rief er manchmal:

„Oh, wie blind und dumm ich war! Früher dachte ich, dass die Religion des weißen Mannes genau wie die des Inders sei, nur auf eine andere Art und Weise ausgeübt, aber jetzt weiß ich – ja, ich weiß, dass sie anders ist: ach so anders! Denn spüre ich es nicht in meinem Herzen, dass Gott mein Vater ist und sein Sohn mein Retter, mein älterer Bruder! Oh ja, ich weiss! Ich weiß!"

Dann brach er in Lieder aus und forderte uns auf, uns ihm anzuschließen, was wir oft gerne taten; und der Himmel schien näher, während wir sangen.

So lebte er als Sohn bei uns im Haus. Er lernte fleißig und wuchs körperlich und geistig. Sein Glaube schwankte nie, und sein schlichtes Vertrauen wich nie dem Zweifel. Er war ein Segen im Klassenzimmer, und die Verwandlung einer Reihe wilder indischer Jungs in liebevolle, fügsame Schüler war das Ergebnis seines freundlichen Einflusses auf sie.

Der lange, kalte Winter kam und ging vorüber. Dabei legte ich mehrere tausend Kilometer mit meinen Hundeschlitten zurück oder stapfte Tag für Tag mit meinen Schneeschuhen durch den tiefen Schnee. Unter anderem besuchte ich Nelson River und hatte das große Vergnügen, ein paar kleine Geschenke von Sandy für seine Verwandten mitzunehmen.

Im darauffolgenden Sommer besuchte ich seine Leute erneut und hatte die Freude, ihnen zu sagen, dass es ihm gut ging und er in seinem Studium rasche Fortschritte machte. Groß war ihre Freude über diese gute Nachricht.

Auf diesen Reisen erlebten wir wie üblich viele Strapazen und Gefahren und erlebten einige seltsame Abenteuer. Eines, das uns alle sehr interessierte und mich eine Zeit lang sehr erregte, war die Entdeckung eines Bären beim Fischen und die Erbeute seiner Vorräte. Er war ein schöner, großer schwarzer Kerl und hatte sich auf einen Felsen nahe der Küste gesetzt. Zwischen diesem Felsen und dem Ufer floss ein kleiner Teil des großen Flusses, in dem anscheinend ein ziemlicher Schwarm weißer Fische laichte. Da der Bär sie mit scharfen Augen entdeckt hatte, beschloss er, einige von ihnen für sein Abendessen einzufangen. Seine handähnliche Pfote war alles, was er zum Angeln brauchte. Er stieß es sehr geschickt tief ins Wasser unter den vorbeiziehenden Fischen und ließ die finnische Schönheit mit einer plötzlichen Bewegung durch die Luft fliegen und auf das nicht sehr entfernte Ufer hinausfliegen. Als unser Kanu hinter einer Flussbiegung auftauchte, registrierte sein feiner Gehörsinn unsere Annäherung. Zuerst schien er kämpferisch zu sein und tat so, als würde er seinen Fisch verteidigen; Doch eine Kugel brachte ihn dazu, seine Meinung über das Kämpfen zu ändern, und er floh in den Wald und ließ uns zurück, um seinen herrlichen Fisch zu genießen. Es waren in der Tat gute Fische und völlig ausreichend für unsere Abend- und Morgenmahlzeiten, trotz des guten Appetits, den uns ein so herrliches Leben im Freien beschert hatte.

Sandy, ein Segen.

Im nächsten Sommer nach Sandys Bekehrung bemerkten meine gute Frau und ich, dass er mehrere Tage lang unruhig und aufgeregt war und, um einen indischen Ausdruck zu verwenden, ihm etwas auf dem Herzen lag. Wir fragten ihn freundlich nach der Ursache seiner Unruhe und geistigen Unruhe und schlossen aus ihm, dass dies ausschließlich auf einen Besuch zurückzuführen sei, den ihm bald eine ganze Reihe von Wanderarbeitern seines eigenen Volkes am Nelson River abstatten würden . Er befürchtete, dass bei diesem ersten Treffen mit seinem eigenen Volk, seit er Christ geworden war, der Vortrag, den er ihnen über das gute Buch und seine Annahme des Christentums halten würde, zu einem großen Segen werden könnte ihnen.

Damals wurden im Nelson-River-Gebiet so viele und wertvolle Pelze gewonnen, dass oft zwei Bootsbrigaden nötig waren, um den Fang des vergangenen Winters herbeizuholen. Wenn die Missionare das Evangelium an den verschiedenen Standorten dieser Brigaden gepredigt haben, hat aller Wahrscheinlichkeit nach ein Teil des Volkes das Christentum angenommen, während andere immer noch ihre eigenen Wege gehen. Auf ihren Reisen reisen die Christen natürlich gemeinsam, während die Heiden eine eigene Brigade bilden, indem sie einen aus ihrer eigenen Gruppe als ihren Anführer wählen.

Es war bekannt, dass die erste Brigade, die kam, hauptsächlich aus denen bestand, die sich bisher geweigert hatten, ihren heidnischen Bräuchen abzuschwören. Unter ihnen waren einige von Sandys eigenen Verwandten, und er war äußerst besorgt, dass sie ihren Widerstand gegen das Christentum nicht länger fortsetzen sollten, und wenn er zu diesem Thema angesprochen wurde, zuckte er mit den Schultern und sagte:

„So wie unsere Väter lebten und starben, werden wir es auch tun.“

So fanden wir heraus, dass der Grund für Sandys Unruhe sein großes Anliegen war, diesen, seinen Freunden, zu helfen, den Christus kennenzulernen.

Mit frohem Herzen versprachen wir fröhlich, ihm zu helfen, so gut wir konnten. Er verweilte noch immer, und es war offensichtlich, dass ihn etwas anderes beschäftigte, obwohl er sich sehr herzlich für unser Hilfsversprechen bedankt hatte. Wir ermutigten ihn, uns zu sagen, was ihm noch auf dem Herzen lag, damit wir ihm, wenn möglich, helfen könnten. Ermutigt durch unsere Worte sagte er:

"Oh! Ich weiß, dass du mir helfen wirst, ihnen von Jesus und seiner Liebe zu erzählen; Aber Sie wissen, dass die meisten dieser Schiffer noch keine Christen sind und so blind und dumm. Sie sind genauso, wie ich es in meiner Unkenntnis dieser Religion war – der Bibel; und meine Sorge und Angst besteht darin, dass sie aufstehen und gehen werden, wenn ich anfange, ihnen von diesem gesegneten Weg zu erzählen, bevor ich Zeit hatte, alles zu sagen, was mir am Herzen liegt. Ich fürchte, wir können sie nicht zusammenhalten, es sei denn – es sei denn –“

„Es sei denn, was?“ Sagte ich, als er aufhörte.

Der liebe Kerl schaute uns ins Gesicht, und als er dort nichts als Ermutigung sah, nahm er den Mut zusammen, das zu sagen, was ihm am Herzen lag:

„Es sei denn, wir geben ihnen etwas zu essen.“

Wir waren lange genug unter den Indianern, um zu wissen, dass der Junge recht hatte; Denn um die armen, unwissenden Geschöpfe zu gewinnen und ihnen den Klang des Evangeliums näher zu bringen, hätten wir ihnen oft sogar das Essen von unserem eigenen Tisch gegeben, bis wir selbst wussten, was echter Hunger ist. Dann könnten wir besser verstehen, wie schwierig es für arme, hungrige Zuhörer war, mit leerem Magen den geistlichen Ermahnungen ungeteilte Aufmerksamkeit zu schenken.

„Natürlich wirst du für sie zu Abend essen, Sandy“, sagte meine tapfere Frau, „und wir werden für dich und deine Leute das Beste tun, was wir uns leisten können.“

Als er diese Antwort hörte, schien sein Glückskelch voll zu sein, und als wir sahen, wie die Wolken davonzogen, sagte ich:

„Ist es das, was Ihnen seit Tagen Sorgen bereitet?“

„Ja“, antwortete er, „welches Recht habe ich, Sie, die Sie so freundlich zu mir waren, um einen solchen Gefallen zu bitten? Du hast mich in dein Haus kommen lassen, als ich verwundet, dunkel und böse war; bekleidete mich und behandelte mich sogar, als wäre ich dein Sohn; Und das Beste von allem ist, dass Sie mich zu dieser großen Freude geführt haben, zu wissen, dass ich ein Kind Gottes bin.“

Hier füllten sich seine Augen und er wurde von tiefer Emotion überwältigt. Erschüttert warteten wir schweigend, bis er sich wieder unter Kontrolle hatte, dann fuhr er fort:

„Sie wissen, wie wir jeden Tag gemeinsam für mein Volk gebetet haben. und wenn ich allein vor Gott bin, bete ich für sie; sie sind immer in meinem Herzen und in meinen Gebeten; Und jetzt, wo ich die Chance habe, mit ihnen zu sprechen, möchte ich, dass es gelingt. Wissen Sie, der arme heidnische Inder scheint besser in der Lage oder irgendwie eher bereit zu sein, zuzuhören, nachdem er etwas gegessen hat.“

So wurde zu Sandys großer Freude vereinbart, dass seine Freunde, wenn sie aus Nelson River ankamen, zum Abendessen in das Missionshaus eingeladen werden sollten.

Es war ein wunderschöner Tag, als sie kamen. Auf dem Rasen vor dem Haus war ein langer Tisch gedeckt und ein gutes, reichhaltiges Essen zubereitet worden. Glücklicherweise war unser Versorgungsboot vom Red River angekommen, und einige Indianerjäger hatten reichlich Wild mitgebracht, so dass wir selbst für eine Schar Indianer genug und übrig hatten.

Sandy war voller Glückseligkeit. Ihn zu beobachten und zu beobachten, wie interessiert sein Volk an ihm war, bereitete uns große Freude.

Er platzierte seine indischen Freunde so, wie es ihm passte, denn seine Gedanken galten mehr dem Nachgottesdienst als dem reichhaltigen Mahl vor ihnen. Als alle an ihren zugewiesenen Plätzen waren, sagte er:

„Jetzt warte mal. Vom Großen Geist erhalten wir alle unsere Segnungen; Schließen Sie also Ihre Augen, während ich Ihm danke und um Seinen Segen für uns bitte."

Sie gehorchten bereitwillig; denn war er nicht der Sohn eines Häuptlings und wurde von einem Missionar unterrichtet? Sie wussten nicht, was „Amen" bedeutete, also hielten sie, nachdem Sandy es gesagt hatte, immer noch die Augen geschlossen und man musste ihnen sagen, sie sollten sie öffnen und mit dem Abendessen beginnen.

Sie hatten eine schöne Zeit zusammen. An keinem ihrer Handlungen war Unhöflichkeit oder Peinlichkeit zu erkennen, und ein Fremder, der zusah, hätte sich nie vorstellen können, dass die Mehrheit dieser höflichen, höflichen und doch malerisch gekleideten, bronzefarbenen, tapferen Männer noch nie zuvor an einem Tisch gesessen oder mit Gabeln gegessen hatte. Letztere gelten im indischen Land als überflüssig. Geben Sie einem Indianer ein gutes Messer und ein Horn oder einen Holzlöffel – und was interessiert ihn eine Gabel? Seine einzige Sorge gilt der Versorgung mit Nahrungsmitteln. Aber diesmal hatten wir an jeder Stelle Gabeln aufgestellt, und nachdem diejenigen, die sie noch nie zuvor gesehen hatten, beobachtet hatten, wie jemand, der mit ihnen vertraut war, die seine benutzte, machten sie es ihm schnell alle nach und machten es außerordentlich gut.

Was für einen Appetit hatten sie! Es war eine Freude zu sehen, wie sie ihr Abendessen genossen – vor allem, weil wir wussten, dass wir genug für alle hatten.

Sandy, eine Missionarin.

Als das Abendessen beendet war und sie gerade vom Tisch aufstehen wollten, sorgten ein paar Worte von Sandy dafür, dass sie alle ruhig sitzen blieben. Jetzt erkannten wir, warum er sie so am Tisch arrangiert hatte. Jeder saß so, dass er sowohl sehen als auch hören konnte. Es war offensichtlich, dass sie alle sehr interessiert und voller Neugier waren, die Botschaft zu hören, die er für sie hatte.

Sie waren sich zweifellos bewusst, dass ein solches Fest, das für sie vorbereitet worden war, eine Abschlussbesprechung bedeutete; Aber keiner von ihnen hätte jemals gedacht, dass Sandy – „ihre Sandy" – die Hauptrednerin sein würde. Als er am Ende so natürlich und gekonnt die Kontrolle übernahm, waren sie zunächst erstaunt und dann erfreut, dass einer ihrer eigenen Leute – und noch dazu ein junger Mann – nicht nur in der Lage war, so etwas zu tun, sondern auch dazu ermutigt wurde das Unternehmen des Missionars und seiner Frau.

Aus Angst, dass unsere Anwesenheit Sandy in Verlegenheit bringen könnte, rückten meine Frau und ich unsere Stühle etwas hinter ihn zurück, aber immer noch nahe genug, um alles zu hören, was gesagt wurde. Wir waren sehr an dem Geschehen interessiert und erhoben unsere Herzen zu Gott, damit ihm göttliche Hilfe und Führung zuteil werde, die wir jetzt gerne „unsere Sandy" nannten.

Eine kleine Nervosität, die zunächst spürbar war, verschwand nach ein paar Sätzen, und dann flossen ihm mit einer Geläufigkeit und Eloquenz, die uns einfach in Erstaunen versetzte, die liebevollen, brennenden Worte über die Lippen. Mit wenigen erklärenden Worten nahm er seine geliebte Bibel und sein Gesangbuch zur Hand und begann den Gottesdienst.

Von den tatsächlichen Worten dieser Ansprache kann ich mich jetzt nur noch an sehr wenige erinnern; aber die Erinnerung daran wird ewig leben. Er erzählte ihnen die Geschichte seines Lebens von der Zeit an, als ich, nachdem ich den Weg in ihr fernes Land gefunden hatte, ihn in seinem Wigwam-Haus traf, als er verwundet am Boden lag, freundlich mit ihm sprach und ihm seine erste Lektion erteilte. Er erzählte von seiner langen, langen Reise im Kanu und von seiner Ankunft bei uns zu Hause. Er beschrieb, wie freundlich er empfangen worden war, wie dumm und undankbar er gehandelt hatte, als die Neuheit der neuen Lebensweise nachgelassen hatte, und wie dumm er gewesen war, sich nach seinem alten Leben im Wigwam zu sehnen. Er prangerte in sehr nachdrücklicher Sprache seine eigene Undankbarkeit uns gegenüber für all die Freundlichkeit an, die wir ihm erwiesen hatten, und die Geduld, mit der wir seine Dummheit ertragen hatten.

Dann erzählte er die Geschichte seiner Bekehrung: Ich wünschte, ich könnte sie so erzählen wie er! Er stellte ihre alte, törichte Religion der Beschwörer – die sie ihr ganzes Leben lang nur in Angst und Schrecken versetzt hatte und ihren Seelen weder Frieden noch Ruhe brachte – der Religion gegenüber, die im gesegneten Buch gelehrt wurde; Das war eine große Freude in sein Leben gekommen und erfüllte ihn mit Frieden in der Gewissheit, dass auch er ein Kind Gottes war. Er hatte sein Datum in seinem spirituellen Leben – seinen gut in Erinnerung gebliebenen Geburtstag; und darauf verwies er. Er erzählte von jenem Nachmittag in der Kirche, als er auf die Einladung antwortete: „Wer wird heute sein Herz Gott geben?" er hatte geantwortet: „Das werde ich!" und indem er sich im Gebet vor Gott niederbeugte, hatte er um

Vergebung seiner Sünden und die Gewissheit der göttlichen Gunst gebeten. Sehr deutlich und mit viel Rührung versicherte er ihnen, dass Jesus Christus, der Sohn Gottes, obwohl er darauf vertraute und glaubte, dass er ihn empfangen konnte und wollte, ihn tatsächlich angenommen hatte.

So redete er in ernstem Ton und in seiner schönen indischen Sprache immer weiter; Jetzt drängen und ermahnen wir sie, diese große Erlösung vom Großen Geist anzunehmen, der der liebevolle Vater aller war und der die Erlösung jedes einzelnen seiner Kinder wünschte, ob sie weiß oder indisch waren; und dann verwies er erneut auf seine eigene Bekehrung und die Freude, die ihn erlebt hatte, als einen Grund, warum er wünschte, dass sie alle Christen wären.

Frau Young und ich waren begeistert und auch erstaunt; nicht nur wegen seiner Bereitschaft zur Äußerung, sondern auch wegen des religiösen Charakters und der Kraft der Ansprache. Ich konnte in meinem Herzen nur sagen:

„Dies ist das Ergebnis jener langen Stunden, die dieses kleine Kind Gottes Tag für Tag mit dem offenen Buch vor sich und dem Heiligen Geist als seinem Lehrer verbracht hat; Und, Gott sei Dank, hier ist die herrliche Belohnung für alles, was wir für diesen wilden, ungepflegten Indianerjungen tun und mit ihm ertragen mussten. In dieser einen frohen Stunde sehen wir genug, um uns für alles zu vergelten, was wir ertragen mussten, bevor unsere Güte zum ersten Mal gewürdigt wurde. Zwischen der Aussaat und der Ernte schien eine lange Zeit zu vergehen; Aber die Erntezeit ist endlich gekommen und hier werden wir Zeuge dieses herrlichen Anblicks: Sandy, unser einst wilder, rebellischer Indianerjunge, jetzt mit strahlendem Gesicht und beredter Zunge, in der schönsten und heiligsten Sprache, der seine indischen Freunde drängt und anfleht, ihrem Alten zu entsagen dummes Heidentum und die Akzeptanz des Christentums.“

Während er sprach, waren die Gesichter seiner indischen Zuhörer tatsächlich Studien. Sie tranken buchstäblich seine wunderbaren Worte. Zu einigen von ihnen hatte ich auf einigen meiner langen Reisen gepredigt; Aber neben diesen wenigen gab es auch diejenigen, die Sandy zuhörten und so etwas noch nie zuvor gehört hatten, und sie schienen erstaunt und verwirrt zu sein. Personen, die es noch nie gesehen haben, können sich kaum vorstellen, mit welchem Erstaunen und manchmal auch mit Ehrfurcht eine Schar reiner Heiden umgeht, wenn zum ersten Mal die Geschichte der Erlösenden Liebe gehört wird.

Sandy erzählte ihnen weiter von seiner Liebe und Sorge für sie und von seinem Wunsch und seinen ständigen Gebeten, dass sie alle Christen werden und selbst wissen sollten, dass Gott sie liebte und dass sie seine Kinder waren. Er erklärte ihnen, wie er zunächst dachte, die Bibel sei nur für den Weißen;

aber dass er gelernt hatte, dass der Große Geist sein Buch allen Rassen gegeben hat und alle gleichermaßen liebt. Aus diesem Grund war er so darauf bedacht, dass sein eigenes Volk diese große Erlösung annehmen würde, die für sie bestimmt war. Es würde sie glücklich machen, da es überall andere hervorbrachte, die es voll und ganz akzeptierten.

Mit großem Interesse hörten sie dem Ende seiner langen Ansprache zu. Als Antwort auf seine Anfrage wurden eine Reihe von Fragen zu diesem neuen Weg gestellt und wie es für sie möglich sei, ihn zu beschreiten. Seine Antworten waren sehr passend und schön. Zusätzlich zu seinen eigenen Worten schlug er erneut seine Bibel auf und las ihnen eine Verheißung nach der anderen vor, um die Universalität der Liebe Gottes zu zeigen, und dass er seinen Sohn gegeben hatte, um für sie alle zu sterben, und was sie tun mussten, um sie zu empfangen diese Liebe in ihre Herzen.

Auf seine Bitte folgte ich mit einer kurzen Ansprache, in der ich seine Aussage bestätigte. Ich bat sie liebevoll, sich an seine Worte zu erinnern und zu tun, was er getan hatte: ihre Herzen Gott zu übergeben; und so Seine glücklichen, liebevollen Kinder werden. Eine Hymne wurde gesungen; es wurden ernsthafte Gebete gesprochen; der Segen wurde ausgesprochen – und dieser bemerkenswerte Gottesdienst ging zu Ende.

Bevor sie gingen, versammelten sie sich um Sandy und küssten ihn. Sie stellten ihm weitere Fragen zu diesem neuen Weg, und mit einigen von ihnen führte er ernsthafte, treue Gespräche. Sie alle kamen und schüttelten uns die Hand und dankten uns sehr freundlich für unsere große Liebe und Güte gegenüber ihrem Ookemasis, dem jungen Häuptling, wie sie Sandy jetzt lachend nannten.

Nachdem er einige Jahre bei uns geblieben war, kehrte Sandy in sein eigenes Land und seine Leute zurück. Unter ihnen lebt er noch immer als hingebungsvoller, fleißiger Christ. Er ist die rechte Hand des Missionars, ein Segen und Segen für viele, und wir betrachten es als eine unserer „größten Freuden", dass wir maßgeblich dazu beigetragen haben, ihn ins Licht zu führen.

Kapitel sieben.

Das indische Neujahrsfest.

Seit jeher sind die Indianer für die Zahl ihrer Feste bekannt. Einige davon – wie der Neumond und die ersten Früchte des Mais, die von einem Teil der Stämme gefeiert wurden – waren im Allgemeinen unschuldig und schienen auf einen jüdischen Ursprung in der düsteren Vergangenheit hinzuweisen; andere – wie das Fest der Hunde, bei dem die armen Tiere mutwillig in Stücke gerissen wurden – waren äußerst abscheulich.

Sobald es den Missionaren gelang, die roten Männer dazu zu bringen, dem Evangelium zuzuhören, bestanden sie auf der Abschaffung der sündigen Feste; zumal sie mehr oder weniger mit ihren Vorstellungen von Anbetung verbunden waren. Sogar das Hundefest galt als „gute Medizin", um die bösen Geister zu versöhnen: Denn die Hunde wurden von den Indianern neben seinen Kindern geschätzt, und ihre Opferung war eine sehr große Opfergabe.

Als die Missionare zu den Northern Wood Crees gingen, hatten sie großen Erfolg dabei, die Menschen von ihrem heidnischen Aberglauben abzubringen. Sie bestanden natürlich darauf, alle anstößigen Gewohnheiten und Bräuche ihres früheren Lebens völlig aufzugeben; und unter ihnen ihre sündigen Feste. Sie versuchten jedoch nicht, das Wort aus ihrer Sprache zu verbannen; aber als Ersatz für das, was so falsch war, organisierte er ein christliches Fest. Dieses große Fest wurde am Neujahrstag gefeiert – es sei denn, dieser Tag fiel zufällig auf einen Sonntag, da es dann am darauffolgenden Tag stattfand – im Norway House, der damals größten Missionsstation.

Die Vorbereitungen dafür wurden viele Monate im Voraus begonnen. Es würde ein großes Indianerkonzil abgehalten, bei dem als reine Formsache zunächst die Frage gestellt würde: „Wollen wir dieses Jahr das große Fest feiern?"

Dies würde einstimmig und – für die Inder – mit großem Applaus angenommen werden. Die nächste Frage, deren Beantwortung mehr Zeit erforderte, wäre: „Was ist jeder Mann bereit, als Beitrag zum Fest zu geben?"

Die Antworten schienen zunächst sehr seltsam. Mamanowatum, ein großer indischer Elchjäger, würde sagen:

„Ich habe die Spur eines Elches entdeckt. Ich gebe die Hälfte des Tieres – und seine Nase."

Die Elchnase gilt als große Delikatesse. Elchfleisch ist das beste aller Wildgerichte; und Mamanowatum war ein äußerst erfolgreicher Jäger. Daher würde dieser großartige Beitrag mit großer Freude aufgezeichnet werden, obwohl der Elch noch nicht erschossen worden war und schwer zu töten war.

Dann würde Soquatum sagen; „Ich habe eine Bärenhöhle entdeckt. Ich werde den halben Bären zum Fest geben – und alle Pfoten."

Diese großzügige Spende würde auch auf große Zustimmung stoßen, denn auch die Pfoten des Hundes zählen zu den großen Delikatessen des Landes.

Als nächstes würde Mustagan sprechen und sagen: „Ich weiß, wo es ein großes Biberhaus gibt, und ich werde fünf Biber geben – und zehn Schwänze."

Auch diese Spende würde große Freude bereiten, da Biber Kapitalfresser sind und ihre großen, breiten Schwänze zusammen mit der Elchnase und den Bärentatzen die Hauptdelikatessen des Landes darstellen.

Rasch erhoben sich die Jäger, einer nach dem anderen, und boten ihre Gaben an, wobei der indische Sekretär eifrig damit beschäftigt war, die verschiedenen versprochenen Wildopfer in Silbenschrift aufzuschreiben, von denen die größere Menge noch umherstreifen würde – vielleicht Hunderte von Meilen entfernt – im winterlichen Wald.

Diejenigen unter den Jägern, denen es gelungen war, die wertvollen Pelztiere zu fangen, deren Fleisch für die Nahrung wertlos war, leisteten ihren Beitrag in Form wertvoller Pelze wie Nerze, Martins, Otter und Hermeline, die in den Geschäften der Hudson Bay Company eingetauscht wurden für Mehl, Tee, Zucker und Pflaumen.

Der Rat würde so lange dauern, bis alle, die spenden konnten oder eine entfernte Vorstellung von Erfolg hatten, ihre Beiträge aufgezeichnet hatten.

Kurz darauf würde mit der Beschaffung der versprochenen Opfergaben für das Fest begonnen werden. Auch die Erfolgreichen hielten nicht immer, was sie versprochen hatten. Manchmal hatten diejenigen, die den Biber versprochen hatten, das Glück, auf eine Rentierherde zu treffen und so mit ihrem Beitrag in Form von Wildbret zurückzukommen, vielleicht viermal so viel wie der versprochene Biber. Oder vielleicht würde der Mann, der ein paar Wildkatzen versprochen hatte – und die sind keine schlechten Fresser –, während er eifrig nach ihnen suchte, den winzigen, aufsteigenden Dampffaden einer großen Schneeverwehung entdecken, der ihm verriet, dass es so tief unten in einer Höhle war schliefen ein paar fette Hörner. Diese wurden ausgegraben und getötet, und ein Teil des Fleisches wurde zum Fest gebracht. Wiederum kam es manchmal vor – da das Glück der Jäger sehr ungewiss ist –, dass einige, die einen großen Beitrag versprochen hatten, nicht so viel einbringen konnten. Mit den Spenden der Pelzhändler und des

Missionshauses wäre jedoch ein großer Vorrat vorhanden, und dieser war notwendig, da Indianer einen guten Appetit haben.

Wenn die verschiedenen Tierarten erschossen oder gefangen wurden, wurde das Fleisch zur Mission gebracht und im großen Fischhaus gut vor schlauen Hunden geschützt. wo es fest gefriert und so in gutem Zustand bleibt, bis es benötigt wird. Etwa eine Woche vor dem Fest rief die Frau des Missionars eine kleine Anzahl kluger indischer Frauen zu Hilfe; und mit der Hilfe einiger Männer, die das gefrorene Fleisch in Stücke geeigneter Größe schnitten, rösteten oder kochten sie das Ganze dieser großen Auswahl. Es war ein „Sortiment", und sie würden es voller Stolz betrachten und sich freuen. Aus Mehl, Pflaumen, Zucker und Bärenfett – einem Ersatz für Talg – wurden großartige Pflaumenpuddings hergestellt, hart und fest; aber die mit der Axt abgeschnittenen Stücke bereiteten den kräftigen Essern große Freude.

Als der Tag kam, begannen die Vorbereitungen für das Fest sehr früh. Die Sitze wurden aus der Kirche entfernt und Tische über die gesamte Länge des Innenraums wurden von den einheimischen Tischlern schnell hergestellt und aufgestellt. In den beiden Eisenöfen wurden große, lodernde Feuer angezündet und die Innentemperatur des Gebäudes so tropisch wie möglich gehalten; während es draußen fünfzig Grad unter Null oder sogar noch kälter war. Diese starke Hitze war notwendig, um das Fleisch aufzutauen, das nach dem Garen ein oder zwei Tage zuvor schnell abgekühlt und fest gefroren war. Der große Vorrat wurde bald in die heiße Kirche getragen, und nach den wenigen Stunden, die vergingen, bevor das Fest begann, war sie für die zwölf- oder fünfzehnhundert hungrigen Inder, die sich seit Wochen sehnsüchtig auf dieses große Ereignis gefreut hatten, in einem hervorragenden Zustand.

Sie waren eine bunte Gesellschaft, alle willkommen und alle in bester Laune. Häuptlinge und Vorsteher erhielten Anweisungen vom Missionar, übermittelten sie an die Arbeiter und sorgten dafür, dass alles erledigt wurde. Fröhliche, fleißige Frauen stellten unter der liebevollen Anleitung der Frau des Missionars, die sie einfach vergötterten, die Tische auf, zu deren Ausstattung alle notwendigen Tischutensilien des Dorfes – hauptsächlich Blechbecher und -teller – sowie der … gehörten Missionskammer, wurden in Dienst gestellt. In großen Kesseln und Kesseln wurde Tee gebraut, und Hunderte von Fladen aus Mehl, Wasser und etwas Salz wurden in Bratpfannen oder auf dem Herd gebacken, in große Stücke geschnitten und für die Verteilung vorbereitet.

Während fleißige Hände damit beschäftigt waren, die letzten Vorbereitungen für das große Fest zu treffen, das in der Regel gegen ein Uhr begann, übten Hunderte anderer Inder – insbesondere die jungen Männer – draußen verschiedene Sportarten aus. Die Rodelbahnen der Schüler waren gut besucht; und auf dem zugefrorenen See wurden einige lebhafte Fußballspiele gespielt. Der Schnee war von einer glatten Eisfläche abgekratzt worden, auf der die aktiven Schlittschuhläufer ihre Geschwindigkeit und ihr Können unter Beweis stellten. Aber alle dachten an das Fest und warteten gespannt auf den Klang der Glocke, der sie zum Genuss einladen würde.

Etwa in der Mitte des Vormittags kam es zu einer äußerst interessanten Unterbrechung der Vorbereitungen. Der Häuptling ging zum Missionar und bat um einen Bleistift und ein Stück Schreibpapier. Dann nahm er einen der führenden Männer mit in die Kirche, wo die Menge der Arbeiter eifrig beschäftigt war, forderte eine kurze Unterbrechung der Verhandlungen auf und stellte sich auf eine Bank und fragte:

„Wie viele unserer Leute sind krank, alt oder verwundet und können daher heute nicht bei dem großen Fest dabei sein? Nennen Sie mir ihre Namen."

Sobald die Namen genannt wurden, wurden sie aufgezeichnet; bis vielleicht zwanzig oder mehr auf diese Weise aufgerufen wurden.

"Mehr?" der Häuptling würde weinen. „An diesem glücklichen Tag soll niemand übersehen werden."

„Oh ja, da ist eine alte, bettlägerige Frau, die auf ihrem Sofa aus Kaninchenfellen und Balsamzweigen in einem Wigwam sechs Meilen flussaufwärts am Jack River liegt", sagt einer.

„Ich habe gehört, dass die heidnischen Indianer, die zum Fest gekommen waren, zwei Kranke in einem Wigwam auf der Insel in der Nähe des Dorfes York zurückgelassen haben", sagt ein anderer.

„Legen Sie sie natürlich ab. Aber hör auf! Einer von euch geht hinaus und fragt diejenigen, die gekommen sind, ob nicht noch mehr übrig sind als die beiden, die zurückgeblieben sind."

Bald kommt die Nachricht, dass es nicht nur diese beiden Kranken gibt, sondern auch ein kleines Mädchen mit einem gebrochenen Bein.

„Tragen Sie auch ihren Namen ein."

Die Liste wird noch einmal durchgelesen und die Frage erneut gestellt:

„Sind Sie sicher, dass wir nichts übersehen haben? Es wäre eine Schande für uns, hier zu feiern und einen unserer alten und leidenden Menschen vergessen zu lassen."

Die Angelegenheit wurde so lange besprochen, bis sie sicher waren, dass alle Namen aufgezeichnet waren, auch die der betroffenen noch nicht konvertierten Indianer, die immer willkommen waren und im Allgemeinen zur Stelle waren. Dann ging der Häuptling mit einem oder zwei Gehilfen zu den großen Essenshaufen, schnitt großzügige Stücke Wildbret und Bärenfleisch ab und stellte mit einer Reihe anderer Dinge so viele große Pakete zusammen, wie Namen auf seinem waren Liste, wobei jedes Bündel vielleicht genug Lebensmittel enthielt, um die Betroffenen für ein paar Tage zu versorgen. Dann ging der Häuptling dorthin, wo die kräftigen, aktiven jungen Männer ihren Sport trieben, und rief die Namen von so vielen, wie er Bündel hatte, gab dem Flinksten ein großes Bündel und sagte:

„Bringen Sie das zu Ookoominou, die sechs Meilen flussaufwärts krank im Bett liegt, und sagen Sie ihr, dass es uns allen leid tut, dass sie so alt und schwach ist, dass sie heute nicht bei uns sein kann. Überbringen Sie ihr damit unsere christlichen Grüße und unsere Liebe und wünschen ihr, dass sie ihren Teil des Festes genießen wird."

Mit einem Blick darauf, dass die Schnüre seiner Mokassins und seiner Perlenstrumpfbänder gut gebunden sind, und wenn er seinen Schärpengürtel um sein Lederhemd enger schnürt, würde der schnelle Läufer wie ein Pfeil davonlaufen; Sie machen sich direkt auf den Weg zum weit entfernten Wigwam, wo sich aufgrund ihres Alters und ihrer Schwäche eine der Großmütter des Stammes befindet, die jetzt von allen geliebt wird. Aber wer wäre schon vor Jahren getötet worden, wenn das gesegnete Evangelium nicht unter dieses Volk gekommen wäre und seine wunderbaren Veränderungen in seinen Herzen hervorgerufen hätte? Sechs Meilen müsste dieser flotte indische Läufer zurücklegen und zurücklegen, bevor er seinen Anteil am Fest haben könnte; Aber keine Angst, er wird rechtzeitig zurück sein. Was sind ihm zwölf Meilen, wenn an ihrem Ende ein solches Fest steht? Und ist er dann kein Christ? Und hält er es nicht für eine Freude, ein solches Bündel mit einer so liebevollen Botschaft an den alten und schwachen Ookoominou zu überbringen? Natürlich macht er.

Andere, die ähnlich angesprochen und mit liebevollen Botschaften aufgeladen werden, werden schnell weggeschickt. Während die Mehrzahl der Boten es vorzieht, die Reise zu fliegenden Füßen anzutreten, bevorzugen einige, die vielleicht Pakete für drei oder vier Personen in der gleichen Umgebung haben, lieber die Hundezüge ihrer Flotte. Es macht jedoch kaum einen Unterschied, wie sie vorgehen. Bald sind sie alle weg und viel früher wieder zurück, als wir Unerfahrenen erwarten würden.

Für das große Fest selbst ist es schwierig, auch nur annähernd eine angemessene Beschreibung zu geben. Die Tische sind mit den verschiedenen Speisen beladen, die Tassen sind mit Tee gefüllt und alle älteren Leute nehmen zuerst Platz. In manchen Jahren war es üblich, dass der Missionar einen großen Tisch am Kopfende hatte, zu dem die Beamten der Hudson Bay Company und ihre Familien sowie alle Besuchsfreunde, die sich im Land aufhielten, eingeladen waren. Auch die Häuptlinge erhielten einen Platz an diesem Tisch, eine Ehre, die sehr geschätzt wurde. Als alle saßen, sangen sie sehr herzlich als Gnade vor dem Essen, die Cree-Übersetzung des Verses:

> „Sei an unserem Tisch anwesend, Herr,
> sei hier und überall angebetet; diese Geschöpfe segnen und
> gewähren, dass wir mit dir im Paradies feiern können."

Als die älteren Leute gegessen hatten, wurden die Tische schnell abgeräumt; dann wieder aufgefüllt und wieder aufgefüllt, bis alle geschlemmt hatten und einige sogar zurückgekehrt waren, um „zu füllen", wie sie sagten, einige wurden freie Plätze entdeckt. Welchen Appetit sie hatten; und was für ein unbändiger Genuss! Keine unheilvollen Ängste vor einem bevorstehenden Albtraum oder Verdauungsbeschwerden störten ihr Glück. Dyspepsie und die damit verbundenen Krankheiten hatten dieses gesunde Jägervolk bis dahin noch nie heimgesucht; Und als so ein Fest mit fetten Speisen wie diesem vorbereitet wurde, bei dem sie wussten, dass sie alle willkommene Gäste waren, gingen sie hinein, um die Zeit zu genießen und sie in vollem Umfang zu genießen, ohne Angst vor späteren Folgen zu haben. Es war eine Epoche in ihrer Geschichte – der gesegnetste Tag des Jahres. Daraus zeichneten einige von ihnen die Zeit auf, etwa so viele Monde nach dem Fest; und als das Jahr voranschritt, verabredeten sie sich bis zum nächsten Fest viele Monde lang.

War der Vorrat noch reichlich vorhanden, als der letzte gefressen hatte, machten sich die ersten wieder an die Arbeit, bis alle Rippen des Bären gepflückt waren und jede Wildkeule verschwunden war. Die Nacht brach bereits herab, als dieses Stadium des Verfahrens erreicht war. Als es ankam, bauten willige Hände bald die Tische ab, fegten das Gebäude, ersetzten die Sitze, zündeten die Öllampen an und das intellektuelle Fest wurde abgehalten. Jahrelang wurde Mamanowatum, dessen bekannter Name Big Tom war, zum Vorsitzenden ernannt. Er war ein großer Mann, tatsächlich fast riesig, langsam und bedächtig; Aber im Allgemeinen hinterließ er in allem, was er zu tun oder zu sagen unternahm, seinen Eindruck. Es war amüsant, ihn auf dem Vorsitz einer großartigen Sitzung leiten zu sehen. Er wurde von allen sehr respektiert und niemand wagte es, seine offensichtliche Gutmütigkeit anzuzweifeln. Er erhob sich langsam und schien in kurzen Stößen aufzustehen; aber als er aufstand, hatte er etwas zu sagen und sagte es.

Sie eröffneten jede Art von Versammlung in der Kirche immer mit religiösen Übungen. Dann hielt Mamanowatum seine immer gute und anregende Ansprache, deren Grundgedanke Danksagung und Dankbarkeit gegenüber Gott für die Segnungen des Jahres waren. Als er fertig war, fragte er verschiedene Inder nach Adressen. Einige davon waren auch sehr gut. Dies ist die Nacht aller anderen, in der indische Redner versuchen, humorvoll und witzig zu sein. Als Rasse zeichnen sie sich in dieser Hinsicht nicht aus, aber manchmal haben sie sehr gute Erfolge erzielt. Obwohl sie ihre Reden mit fröhlicher Fröhlichkeit begannen, die Lächeln und sogar Gelächter hervorrief, gab es an dem Ort nie etwas Unangemessenes, und alle verfielen schnell in eine Art Danksagung an Gott für seine Segnungen. Wenn man ihren dankbaren, freudigen Worten zuhört, könnte man meinen, sie seien die am höchsten begünstigten Menschen auf der Erde; dass es nie ein solches Fest gab, so köstliches Wildbret, so fettes Bärenfleisch, so starken Tee mit so viel Zucker darin; und dass kein anderes Volk so freundliche Missionare hatte. Mit dankbarerem Herzen als je zuvor würden sie singen:

„Lobe Gott, von dem alle Segnungen ausgehen."

So unterhielten sie sich und freuten sich gemeinsam über diesen besonderen Gottesdienst, der ganz ihnen gehörte. Von den Weißen wurde erwartet, dass sie bei dieser Gelegenheit in den Hintergrund traten und nichts sagten.

Gegen zehn Uhr sangen sie gemeinsam die Lobrede; und mit dem Segen, der von einem ihrer Mitglieder ausgesprochen wurde, ging dieser höchst interessante Tag mit seinen vielfältigen Freuden und Genüssen zu Ende.

Lange Jahre sind vergangen, seit wir mit den glücklichen Crees diese reichen Festtage genossen haben; Dennoch stehen sie in unserem Missionsleben als Tage mit roten Buchstaben; Als unsere Herzen besonders berührt waren von der spontanen und herzlichen Freundlichkeit, die wir den Alten und Bedrängten entgegenbrachten, die nicht anwesend sein konnten und denen durch die großzügigen Geschenke das Gefühl vermittelt wurde, dass sie nicht vergessen oder vernachlässigt wurden, sondern in einem großen Zustand waren Maß ließ die Freuden dieses ereignisreichen Tages teilhaben.

Kapitel Acht.

Der Extra-Dog-Train mit Vorräten und was dabei herauskam.

„Da Sie diesen Winter so viele tolle Hunde haben, warum nehmen Sie nicht einen zusätzlichen Zug mit und bringen etwas von der Nahrung der Zivilisation aus Red River mit, damit wir sie an andere Tage erinnern können?"

So sprach die gute Frau, die, wie ich, es manchmal satt hatte, etwa die Hälfte des Jahres lang den Süßwasserfisch des Landes als Hauptnahrung zu sich zu nehmen. In den anderen sechs Monaten ernährten wir uns hauptsächlich von Wild wie Wild, Bärenfleisch, Biber, Wildkatze, Schneehuhn, Kaninchen und sogar Bisamratten. Die Bitte, etwas zu essen mit zivilisatorischem Flair herauszubringen, war also nicht unberechtigt. Ich war aus geschäftlichen Gründen in der Red River-Siedlung im Zusammenhang mit der spirituellen Weiterentwicklung unserer Mission und dies war eine gute Gelegenheit, mir einige Dinge mitzubringen, die zu unserem Trost beitragen und uns bei der guten Arbeit helfen würden; Wir mussten so viel für unsere armen Inder tun, die oft in Schwierigkeiten waren und ständig Hilfe von uns suchten.

Meine prächtigen Hunde aus Hamilton, Montreal und anderswo hatten zugenommen und sich vervielfacht, bis ich jetzt eine Reihe der besten Schlittenhunde des Landes besaß. Als die Zeit für die lange Reise kam, spannte ich sie an; Und mit meinem Führer und den Hundeführern nahm ich einen zusätzlichen Zug für die von meiner Frau empfohlene zusätzliche Nahrungsversorgung und begann die Reise. Damit wir mit voller Ladung zurückkehren konnten, starteten wir mit unseren mit Fischen beladenen Schlitten, von denen wir auf unseren verschiedenen Campingplätzen eine große Anzahl zwischenlagerten, damit wir sie auf der Rückfahrt zum Füttern unserer Hunde zur Verfügung hatten.

Wir waren mehrere Tage unterwegs, da uns ein heftiger Schneesturm traf, der das Reisen mit unseren schweren Lasten sehr erschwerte. Wir erreichten jedoch die Siedlung und wurden im Haus unseres Freundes, des Hon., herzlich willkommen geheißen. Herr Sifton. Nachdem das Geschäft, das uns in die Zivilisation führte, bald erledigt war, begannen wir mit dem Einkauf von Vorräten für die Rückkehr, wobei wir besonderes Augenmerk auf den Kauf der zusätzlichen Ladung guter Dinge legten. Zuerst ging ich zu einem Metzger und kaufte von ihm etwa zweihundertfünfzig Pfund seiner besten Fleischstücke; Ich sagte ihm, dass ich so wenig Knochen wie möglich haben wollte, da es von Hunden auf einem Schlitten mehrere Hundert Kilometer weit geschleppt werden sollte. Er war ein anständiger Mann und hat mich gut behandelt. Dann ging ich zu einem Ladenbesitzer und kaufte von ihm Reis, Mehl, Butter, Gemüsekonserven und verschiedene andere Dinge, was insgesamt eine Ladung von etwa sechshundert Pfund ergab. Ich war sehr stolz auf eine solche Ladung, zusätzlich zu dem Mehlvorrat, der sich auf den anderen Schlitten befand. Ich schickte meine schwer beladenen Hundeschlitten ein paar Tage im Voraus los und folgte ihnen – in Begleitung von Martin Papanekis, einem beliebten indischen Fahrer – mit solchen Hunden wie. Voyageur als Anführer und Jack, Cuffy und Caesar hinter ihm, wohlwissend, dass wir keine Schwierigkeiten haben würden, den Rest unserer Gruppe zu überholen. Wir organisierten unsere Rückreise so, dass wir jede Nacht das Lager erreichten, das wir auf der Hinreise genutzt hatten. An zwei Orten stellten wir zu unserem großen Entsetzen fest, dass die Wölfe oder Vielfraße zu schlau für uns gewesen waren, unser Versteck entdeckt und unsere Fische gefressen hatten. In diesen Nächten mussten wir unsere Hunde also mit den in Red River gekauften Fleischvorräten ernähren.

Zu gegebener Zeit erreichten wir unser Missionsheim, wo wir große Zufriedenheit über die Fülle und Vielfalt der Vorräte herrschten, die unter so viel Mühe und Gefahr sichergestellt wurden. Die Speisekarte war deutlich besser geworden, und zweimal in der Woche gab es einen kleinen Rinder- oder Hammelbraten mit Gemüse und als Nachtisch Milchreis.

Dies dauerte zwei oder drei Wochen, als unsere Herzen traurig wurden und unsere Pflichten und Sorgen durch den Ausbruch der Masern bei unseren Indianern erheblich zunahmen. Diese Epidemie wurde durch die Einreise einiger Freihändler in unser Land verursacht, die kürzlich an der Krankheit erkrankt waren. Sie waren als geheilt aus dem Krankenhaus entlassen worden; Aber auf die eine oder andere Weise hatten sie die Keime der Krankheit übertragen, so dass sie beim Betreten und Verlassen der Wigwams die Ansteckung unter den Eingeborenen verbreiteten und eine Epidemie ausbrach. Diese seltsame neue Krankheit versetzte die Menschen in Angst und Schrecken.

Zu dieser Zeit veranstaltete ich Indianergruppen am Oomeme River und auch am Berens River, wo wir damals lebten. Ungefähr zur gleichen Zeit brachen die Masern auch bei einer Reihe heidnischer Indianer unter der Herrschaft von Thickfoot aus, einem hartnäckigen, aber freundlichen alten Häuptling, der sich weigerte, Christ zu werden. An diesem Ort hatten wir erst kürzlich ein Missionshaus, einige Nebengebäude und ein komfortables Schulhaus fertiggestellt, das wir bis zur Fertigstellung des letzteren als Kirche nutzten. Das gesamte Holz für diese Gebäude hatten wir mit unseren Hunden von einer großen Insel geholt, die mehrere Meilen vom Festland entfernt lag. Als die Masern ausbrachen und wir die Angst der Indianer sahen, bauten wir, soweit möglich, unser Missionsgelände sofort in ein Krankenhaus um. Zusätzlich zu den bereits erwähnten Gebäuden haben wir für die Kranken auch unser großes Büffellederzelt aufgebaut. Hier versammelten wir die Betroffenen auf improvisierten Betten und Sofas um uns und machten es ihnen so bequem, wie es unsere begrenzten Mittel erlaubten.

Drüben am Oomeme River konnten unsere christlichen Indianer glücklicherweise entkommen; Aber die heidnischen Indianer, unter denen die Krankheit ausbrach, waren voller Angst und handelten in vielen Fällen so, dass die Krankheit verschlimmert wurde. Einige von ihnen stürzten, als sie ausbrachen, aus ihren beheizten Wigwams und wälzten sich im Schnee, was natürlich eine äußerst katastrophale Behandlung war und zum Tod zahlreicher Menschen führte. Daraufhin gerieten ihre Verwandten so in Angst und Schrecken, dass sie aus Angst, ihre Körper zu begraben, die Wigwams um sie herum abzogen und sie den verschlingenden Wölfen aussetzten. und schickte mir dann die Nachricht, dass ich vorbeikommen und es selbst tun müsse , wenn ich wünsche, dass ihre Freunde anständig beerdigt würden . Als ich das hörte, nahm ich ein paar Bretter, Nägel, Hammer, Spaten und andere notwendige Dinge und eilte mit ein paar Indianern zu dem Ort. Nach einigem Überreden gelang es mir, eine indische Familie dazu zu bringen, ihr Wigwam von der Stelle zu verlegen, wo es den ganzen Winter über gestanden hatte und wo ständig das Feuer gebrannt hatte; und dort, wo der Boden noch warm und nicht gefroren war, grub er das Grab und machte es groß genug für alle Verstorbenen. Aus unseren Brettern bauten wir die Särge und begruben nach einem einfachen Gottesdienst ihre Toten.

In Berens River war unsere Vorgehensweise bei unseren Kranken ungefähr so. Frühmorgens wurden große, teilweise mit Wasser gefüllte Töpfe über ein gutes Feuer gehängt. In sie wurden mehrere Pfund des guten frischen Rind- oder Hammelfleischs gegeben, das wir aus der Zivilisation mitgebracht hatten. Nachdem der Reis gut gekocht war, wurden mehrere Pfund Reis untergerührt und das Ganze kochen gelassen, bis eine reichhaltige, nahrhafte Suppe entstand. Dann wurden reichlich nahrhafte Fladen gebacken. Während dieses Frühstück für die Kranken vorbereitet wurde, war der Missionar mit seinen Assistenten eifrig damit beschäftigt, die Krankenrunden zu machen. Man kümmerte sich um ihre verschiedenen Wünsche, gab ihnen Medikamente und alles, was nur konnte, wurde freudig für ihr Wohlergehen getan. Dann folgte die Frau des Missionars mit ihren Helfern mit Kesseln mit warmer Suppe, Brot und Tee. Mahlzeiten mit dieser nahrhaften Nahrung wurden den Betroffenen verabreicht und von ihnen sehr genossen. Es gab einige so schwere Fälle, dass es zeitweise so aussah, als sei es unmöglich, sie zu retten; Aber mit dem Segen des Himmels für unsere Bemühungen gelang es uns, die Genesung jedes Falles herbeizuführen, der unserer unmittelbaren Obhut angehörte. Während wir alles in unserer Macht Stehende für ihre körperliche Genesung taten, hatten wir großartige Gelegenheiten, Religionsunterricht zu erteilen. Es wurden süße Hymnen gesungen, die in ihre eigene Sprache übersetzt wurden, und oft wurden an jedem Bett die überaus großen und kostbaren Verheißungen des gesegneten Buches vorgelesen und erklärt. Ihre Angst vor dieser seltsamen neuen Krankheit verließ sie und sie wurden geduldig und hoffnungsvoll. Das Ergebnis war, dass es unter den heidnischen Indianern am Oomeme River zwar viele Todesfälle gab, aber keiner unserer christlichen Indianer starb.

Als der letzte Fall geheilt war und die Krankheit verschwunden war, machten wir eine Bestandsaufnahme unserer Vorräte. Wir stellten fest, dass das gesamte zusätzliche Hundefutter zusammen mit einer großen Menge Mehl und anderen Dingen für die Ernährung unserer armen Kranken aufgebraucht war. Nicht ein Zehntel davon war an unseren eigenen Tisch gekommen; und so mussten wir wieder auf unsere einheimische Nahrung zurückgreifen. Fisch war wieder einundzwanzig Mal pro Woche unser Speiseplan. Aber wir hatten die große Freude und Befriedigung zu wissen, dass wir mit aller Wahrscheinlichkeit das Leben vieler unserer Leute gerettet hatten; und hatten einen solchen Platz in ihren Herzen gefunden, dass unsere zukünftigen Bemühungen, zu evangelisieren oder im gesegneten Leben weiterzuhelfen, sehr viel effektiver sein würden.

Kapitel Neun.

Eine Lektion, die man nie vergessen sollte.

Als ich ein kleiner Junge war, war mein Vater auf einer großen Mission in den Wäldern Kanadas stationiert. Die zähen Auswanderer aus der Alten Welt strömten in das neue Land, und jedes Jahr wuchsen weitere Tausende Hektar Getreide an, wo kurz zuvor die dunklen Urwälder, die jahrhundertelang gestanden hatten, Besitz ergriffen hatten.

Die einheimischen Indianerstämme zogen sich vor diesem unaufhaltsamen Vormarsch des weißen Mannes zurück oder ließen sich in von der Regierung für sie ausgewählten Reservaten nieder. Jahrelang behielten sie ihr Recht, umherzustreifen und das Wild zu töten, das immer noch reichlich vorhanden war, aber mit zunehmender Zahl weißer Siedlungen schnell weniger wurde. Zusätzlich zu ihrer Jagd- und Fischereitätigkeit trugen die fleißigen Indianer zu ihrem Komfort bei, indem sie einheimische Körbe, Besen, Stiele für Äxte, Hacken und ähnliche Artikel herstellten, die sie an die freundlichen Siedler für Nahrung und Kleidung verkauften. Diejenigen, die das Feuerwasser in Ruhe ließen und fleißig waren, konnten so bequem leben.

Den Indianern in ihren Reservaten wurde das Evangelium von aufopferungsvollen Missionaren verkündet, während sie ihre mühsamen Runden machten. Diese Besuche waren nicht umsonst. Viele dieser Kinder des Waldes, krank und unzufrieden mit ihrem alten Heidentum, das ihren unruhigen Geistern keinen Frieden gab, nahmen die Wahrheit gerne an und wurden ernsthafte, konsequente Christen. Ihr gottesfürchtiges Leben war vielerorts ein ständiger Vorwurf für die Ungereimtheiten und Sünden ihrer weißen Nachbarn. In seltenen Abständen in meiner Kindheit war es für mich eine große Ehre, meinen Vater zu einigen Indianerlagern begleiten zu dürfen, die nicht weit von unserem Zuhause entfernt waren. Ich erinnere mich noch gut an die süßen, klagenden Stimmen der Indianer, als sie einige davon sangen unsere in ihre Sprache übersetzten Hymnen. Ihr frommes und aufmerksames Auftreten während der Gottesdienste hat mich tief beeindruckt. Es war immer eine große Freude, sie in ihren Wigwams zu besuchen, die jungen Leute bei ihren Sportarten und die älteren bei ihrer Arbeit zu sehen: Kanus bauen oder Körbe flechten.

In meiner jungenhaften Neugier beschränkte ich mein Streifzug nicht nur auf die christlichen Indianer; aber da alle sehr freundlich waren, schlenderte ich durch die Lager zu den verschiedenen Wigwams, um zu sehen, was ich finden konnte, was neuartig und interessant war. Da ich als Sohn des Schwarzmantels bekannt war – denn so wurde der Missionar vom Stamm benannt –, wurde ich in den Wigwams immer willkommen geheißen und bekam einen Platz im Kreis um das Feuer.

In einem Wigwam ereignete sich der folgende charakteristische Vorfall, der mich tief beeindruckte. Auf dem Boden saßen Vertreter von drei Generationen, die bis auf den betagten Großvater alle fleißig mit der Arbeit beschäftigt waren, hauptsächlich mit der Korbflechterei. Er war ein patriarchalisch aussehender alter Mann, und in meinen jugendlichen Augen schien er, als er dort auf seiner Decke saß und seine lange Pfeife rauchte, in Gedanken versunken zu sein und weder mich noch sonst jemanden zu bemerken.

Der Jüngste im Unternehmen und derjenige, der natürlich meine Aufmerksamkeit erregte, war ein junger Bursche in meinem Alter. Er war eifrig mit einem krummen Indianermesser beschäftigt und versuchte, einen Pfeil herzustellen. In seinem Eifer zum Erfolg ließ er sein Messer ausrutschen und verletzte sich leider sehr schwer. Beim Anblick des Blutes – das in Strömen floss, denn die Wunde war hässlich – heulte der Junge vor Schmerz und Angst auf, was seine stoischen Verwandten sehr erschreckte. Es wurde schnell Abhilfe geschaffen, die Schnittwunde mit Balsam abgedeckt und mit einem Stück Hirschfell zusammengebunden. Der Junge erhielt kein einziges Wort des Mitgefühls; aber im Gegenteil, aus fast allen im Wigwam erhob sich ein Chor der Empörung und des Ekels. Für sie war es eine große Schande, dass einer aus ihrer Familie, und er war ein Junge aus so vielen Wintern, wegen einer so geringfügigen Verletzung so heulte und weinte.

Wie würden die anderen Familien über sie lachen, wenn sie davon hörten! Eine Zeit lang sah es so aus, als würden sie ihn hart bestrafen, nicht wegen seiner Unbeholfenheit im Umgang mit seinem Messer, sondern weil er seine Gefühle nicht unter Kontrolle hatte und die Wunde und den Schmerz mit völliger Gleichgültigkeit behandelte.

Vor allem der alte Großvater war zutiefst erschüttert und empört über das so unwürdige Verhalten seines Enkels, zu dem er offensichtlich eine tiefe Verbundenheit hatte.

Inder bestrafen ihre Kinder sehr selten. Vor allem bei Jungen wird die Rute selten eingesetzt. Den Mädchen in den heidnischen Familien geht es oft schwer, sie werden häufig umgestoßen und geschlagen; aber die Jungen entkommen im Allgemeinen, auch wenn sie eine Strafe reichlich verdienen. Hier handelte es sich jedoch um einen sehr ernsten Fall. Der Junge hatte ein Verbrechen begangen, als er wegen einer gewöhnlichen Schnittwunde an seiner Hand, die er sich selbst zugefügt hatte, aufschrie. Es würde niemals genügen, dies durchgehen zu lassen. Dem Jungen muss eine Lektion erteilt werden, die er nie vergessen wird. Und so hat es zu meinem großen Erstaunen auch sein alter Großvater gemacht.

Er stellte den Jungen neben sich, der sich jetzt offensichtlich sehr schuldig fühlte, und hielt ihm eine Ansprache über die Pflicht, Schmerzen zu ertragen, ohne einen Schrei oder auch nur ein Stöhnen auszustoßen. Dann sagte ihm der alte Mann, der in jungen Jahren ein großer Krieger gewesen war, dass er niemals ein tapferer Krieger oder ein guter Jäger werden würde, wenn er nicht mutiger wäre; und dass sie ihn nie mehr respektieren könnten als eine alte Großmutter, wenn er nicht in der Lage wäre, seine Gefühle zu kontrollieren und niemals zu schreien, egal was passiert.

Während der alte Mann aufgeregt mit ihm redete, nun völlig aus seiner gewohnten ruhigen Haltung aufgeschreckt, entfachte er erneut das Feuer, das teilweise niedergebrannt war. Als es durch Zugabe von sehr trockenem Holz sehr stark brannte, wandte er sich wieder schnell an seinen Enkel und sagte mit scharfer und aufgeregter Stimme: „Sehen Sie hier! Schau mich an! So sollte ein tapferer Krieger Schmerzen ertragen!" Dann streckte er zu meinem Entsetzen plötzlich seine Hand aus, hielt einen Finger in die Flamme und hielt ihn dort, bis er fürchterlich verbrannte.

Während dieser widerlichen Tortur zitterte kein Muskel im Gesicht des alten Mannes; Kein Stöhnen entkam seinen fest zusammengepressten Lippen. Seinem Aussehen nach zu urteilen, könnte es sich um einen Stock gehandelt haben, den er verbrannte. Als er schließlich den scharfen, verbrannten Finger seiner inzwischen mit Blasen übersäten Hand zurückzog, hielt er ihn seinem Enkel entgegen und hielt ihm eine weitere Predigt, wobei er ihm unter anderem sagte, dass er, wenn er jemals erwartete, unter seinem Volk groß oder geehrt zu sein, zuhören müsse Schmerzen, ohne mit der Wimper zu zucken oder einen Schrei auszustoßen.

Kapitel Zehn.

Der ehrliche Inder; oder Wildbret für Pemmikan.

Vor Jahren lebten die Missionare im nördlichen Teil der damaligen Hudson-Bay-Territorien oft so weit von der Zivilisation entfernt, dass sie für ihren Lebensunterhalt hauptsächlich von Fisch und Wild abhängig waren. Daher freuten sie sich in Zeiten der Knappheit über die Ankunft eines Jägers, der reichlich Wild mitbrachte.

An einem kalten Wintertag erschien ein Mann dieser Art in unserem Missionsheim. Er war ein guter, standhafter Inder und kam in der ruhigen Art seines Volkes in unsere Küche, ohne anzuklopfen. Er löste eine schöne Wildkeule von seinem Rücken und warf sie auf den Tisch. Da unsere Lebensmittelvorräte damals sehr begrenzt waren – wir bekamen im Durchschnitt kaum mehr als zwei gute Mahlzeiten pro Tag –, freute ich mich über diese willkommene Ergänzung; und so sagte ich, nachdem ich ihn herzlich begrüßt hatte:

„Was soll ich dir für dieses Wildbret geben?"

„Ich will nichts dafür, denn es gehört dir", war seine Antwort.

„Sie müssen sich irren", antwortete ich, „denn ich habe Sie noch nie zuvor gesehen und auch nichts mit Ihnen zu tun gehabt."

„Oh, aber es gehört dir, und ich will nichts mehr dafür", beharrte er.

„Entschuldigen Sie", sagte ich, „aber Sie *müssen* sich von mir dafür bezahlen lassen. Wir sind sehr froh, es zu bekommen, da es im Haus wenig zu essen gibt; Aber wir haben hier die Regel, dass wir die Indianer für alles bezahlen, was wir von ihnen bekommen."

Der Grund, warum wir zu dieser Entscheidung gekommen waren, lag darin, dass wir durch ziemlich tiefe Erfahrung herausgefunden hatten – wie wir bei anderen Missionaren auf ähnlichen Gebieten annehmen –, dass die Eingeborenen eine Vorstellung davon haben, dass der Missionar reich ist oder dass er von Reichen unterstützt wird Kirchen; und da ihm unbegrenzte Ressourcen zur Verfügung stehen, ist er in der Lage, im Gegenzug für kleinere Geschenke große Geschenke zu machen. Ein paar Kaninchen oder ein Paar Enten wurden dem Missionar oder seiner Frau mit großer Höflichkeit geschenkt. Dann blieb der Spender, oft in Begleitung seiner Frau und mehrerer Kinder, zum Abendessen und aß aller Wahrscheinlichkeit nach den größten Teil des Geschenks. Natürlich musste man sie zum Abendessen einladen – und sie hatten einen herrlichen Appetit. Da sie immer noch dort blieben, bis die Zeit gekommen war, in den Ruhestand zu gehen, musste der Missionar schließlich andeuten, dass er dachte, sie sollten besser nachsehen, ob ihr Wigwam dort sei, wo sie es am Morgen zurückgelassen hatten. Dies würde im Allgemeinen zu einer Krise führen, und der Mann würde sagen: „Seit wir hier sind, warten wir nur darauf, das Geschenk zu bekommen, das Sie uns geben werden, als Ersatz für das, was wir Ihnen gegeben haben."

Sie waren zwar damit zufrieden, die verschiedenen Dinge, die sie für unseren Bedarf liefern konnten, zu einem angemessenen Preis zu verkaufen, doch wenn ein Geschenk angenommen wurde, erwarteten sie etwas, das um ein Vielfaches höher war. Hätte das so weitergehen dürfen, wären wir schnell ohne alles im Haus zurückgeblieben. Deshalb hatten wir wenige Wochen vor der Ankunft dieses seltsamen Indianers mit dem Wildbret als Vorsichtsmaßnahme die Regel erlassen, dass von den Indianern keine Geschenke mehr angenommen werden sollten; aber dass es für alles, was wir mitbrachten, was wir brauchten, wie Fleisch, Fisch oder Mokassins, einen fairen, gemeinsam vereinbarten Tarifpreis geben sollte. Doch trotz alledem bestand hier ein standhafter Indianer darauf, dass ich ein Stück Wildbret ohne Bezahlung erhalten sollte. Aufgrund einiger früherer Erfahrungen hatte ich Angst, dass ich bankrott gehen würde, wenn ich es als Geschenk annehme. Also sagte ich noch einmal zu ihm:

„Dafür musst du dich von mir bezahlen lassen."

„Nein, nein", antwortete er energisch. „Ich nehme kein Gehalt. Es gehört dir."

„Wie kommst du darauf?" Ich erkundigte mich, verwirrter als je zuvor.

Dann gab er mir seine Erklärung, die mich sehr interessierte und die sicherlich auch meine Leser interessieren wird.

Zunächst stellte er mir einige Fragen:

„Haben Sie letzten Winter mit Ihrem Führer und den Hundeführern einen Ausflug zum Burntwood River gemacht?"

„Ja, das habe ich", war meine Antwort.

„Und waren eure Hundeschlitten nicht schwer beladen?"

„Ja", antwortete ich.

„Und gab es nicht heftigen Schneefall, gefolgt von einem Schneesturm, der das Reisen sehr erschwerte, da man keine Spur durch den tiefen Schnee hatte?"

„Ganz wahr", antwortete ich, denn alles war genau so passiert, wie er es beschrieb. „Und hast du nicht an einem bestimmten Ort ein paar von deinen Pemmikanen und anderen schweren Dingen aufbewahrt, um deine Lasten zu erleichtern, damit deine Hunde besser durchkommen?"

„Ja", antwortete ich, denn ich konnte mich gut an die lange Reise und den schrecklichen Sturm erinnern, der das Reisen durch den weglosen Wald fast unmöglich machte.

Ich hatte eine Reise von mehreren hundert Kilometern unternommen, um das Evangelium einigen Indianern zu bringen, die sich noch in der Dunkelheit des Heidentums befanden. Ich reiste mit sechzehn Hunden und vier indianischen Begleitern, und von einer Straße war nicht die geringste Spur zu sehen. Das ist der einzige große Nachteil; und jede Gruppe von Jägern, Händlern oder Missionaren, die möglichst schnell reisen möchte, muss einen von ihnen vor die Hundezüge schicken, um mit seinen großen Schneeschuhen den Weg zu markieren, während er weiterschreitet . Das Können und die Ausdauer, mit der dieses Werk ausgeführt wird, sind wunderbar und für diejenigen, die es nicht gesehen haben, fast unglaublich. Oftmals ist das Land tagelang harmlos eintönig, ohne irgendein markantes Merkmal in der Landschaft und ohne die geringste Spur menschlicher Schritte. Wolken können sich zusammenballen und den ganzen Himmel mit einem düsteren grauen Mantel bedecken, so dass der weiße Mann verwirrt ist und weder Süden von Norden noch Osten von Westen unterscheiden kann. Doch der indische Führer geht ohne zu zögern und mit unfehlbarer Genauigkeit weiter.

Während wir uns bemühten, so schnell wie möglich voranzukommen, wurden wir von einem heftigen Sturm angegriffen. Der Schneefall war so groß, dass ein schnelles Vorankommen mit unseren schweren Lasten völlig unmöglich war. Wir stellten fest, dass wir entweder unsere Lasten erleichtern oder uns damit begnügen müssen, unterwegs viel wertvolle Zeit zu verlieren. Nachdem wir mit meinen Indianern darüber gesprochen hatten, entschieden wir uns für den ersten Kurs und so wurde ein „Cache" angelegt. Einige der schwereren Gegenstände waren in große Decken eingebunden, einige Setzlinge wurden von den tapferen Männern niedergebogen und die Bündel an ihren Enden befestigt. Beim Loslassen sprangen die jungen Bäume in die Höhe und hielten so ihre Lasten so weit über dem Boden, dass sie vor den umherstreifenden Wölfen oder Vielfraßen sicher waren. Dieser Plan ist sehr viel sicherer als die Verwendung großer Bäume, da viele wilde Tiere auf letztere klettern können und der „Cache" nur kurze Arbeit leisten würde.

Mit erleichterten Schlitten – obwohl einige der zurückgelassenen Dinge leider vermisst wurden – eilten wir weiter und erreichten nach ein paar Tagen unser Ziel. Wir stellten fest, dass die Mehrheit der Inder sich freute, uns zu sehen, und begierig darauf war, uns in den Wegen des großen Buches zu unterweisen. Sie waren mit den Wegen ihrer Väter unzufrieden geworden und hatten jeglichen Glauben an ihre Beschwörer verloren. Deshalb hörten sie mit großer Aufmerksamkeit zu, was wir über das Evangelium vom Sohn Gottes zu erzählen hatten.

Während wir so mit unseren Missionsaufgaben beschäftigt waren, wüteten Schneestürme durch das kalte Nordland; Als wir also die lange Heimreise antraten, entdeckten wir nur wenige Spuren des Weges, den unsere Schneeschuhe und Hundezüge noch vor nicht allzu langer Zeit gemacht hatten. Mein Führer war jedoch sehr schlau und meine wunderbaren Hunde äußerst scharfsinnig, so dass wir den größten Teil des Weges nach Hause auf derselben Route zurücklegten, obwohl der ursprüngliche Weg tief im Schnee vergraben war.

Der Ort, an dem unser Cache angelegt worden war, wurde ordnungsgemäß erreicht; und wir waren froh, die zusätzlichen Vorräte zu erhalten, die darin enthalten waren, denn wir waren schon seit einiger Zeit knapp bei der Versorgung. Die starken Arme meiner Indianer beugten bald die Setzlinge nieder, banden die Bündel los und übergaben sie den verschiedenen Hundeschlitten. Zu meiner Überraschung bemerkte ich, dass meine Männer an einem der Bündel – dem schwersten Gegenstand, in dem sich ein etwa fünfzig oder sechzig Pfund schweres Stück Pemmikan befand – sehr ernst redeten und gestikulierten. Auf meine Nachfrage antworteten sie, dass dieses Bündel während unserer Abwesenheit abgenommen und ein Stück Pemmikan abgeschnitten und mitgenommen worden sei.

"Unsinn!" Ich antwortete. „Sie irren sich sicherlich. Für mich sieht es genauso aus, wie es war, als wir es aufstellten. Und als wir zurückkamen, gab es hier nicht die Spur einer Spur.“

Doch trotz meiner Proteste waren meine Männer zuversichtlich, dass ein Fremder etwas Pemmikan gestohlen hatte und dass der Schneesturm die Spuren verwischt hatte. Nach etwas mehr Diskussion wurde die Angelegenheit fallen gelassen und nach einem guten Essen machten wir uns auf den Weg.

Monate später kam dieser seltsame Indianer mit dem Wildbret und seiner Geschichte, die wir ihm jetzt erzählen lassen:

„Ich war auf der Jagd in den Wäldern, durch die du gegangen bist: denn sie sind meine Jagdgründe. Ich fand die Spur eines Elches und folgte ihr lange Zeit, aber es gelang mir nicht, einen Schuss zu ergattern. Ich hatte bei diesem Jagdausflug wenig Erfolg. Einige Tage lang schoss ich nichts und bekam großen Hunger. Während ich durch den Wald schlenderte, bin ich auf deine Spur gestoßen und habe deinen Cache gesehen. Als ich sah, dass es das Versteck des Missionars war, des Freundes des Indianers, war ich froh und sagte es mir. Wenn er hier wäre und wüsste, dass ich hungrig bin, würde er sagen: „Bedienen Sie sich“ – und genau das habe ich getan. Ich riss einen Schössling herunter, öffnete das Bündel und schnitt ein Stück Pemmikan ab – gerade so viel, dass ich mich unter meinem Gürtel wohl fühlte, bis ich mein weit entferntes Wigwam erreichen konnte. Dann habe ich das Bündel zusammengebunden, in der Baumkrone befestigt und wieder hochschwingen lassen. Und jetzt habe ich dir dieses Wildbret mitgebracht, um den Pemmikan zu bezahlen, den ich genommen habe."

Ehrlicher Mann! Er hatte die Rehkeule auf dem Rücken über eine Strecke von etwa sechzig Meilen getragen.

Natürlich war ich hocherfreut, und während ich ihm ein Kompliment für seine Ehrlichkeit machte, fragte ich ihn, woher er wusste, dass es meine Gruppe war, die den Cache gemacht hatte, und nicht eine Gruppe indianischer Jäger.

Ohne zu zögern antwortete er: „Oh, ich habe deine Schneeschuhspuren im Schnee gesehen."

"Unmöglich!" Ich antwortete; „Denn die Schneeschuhe, die die ganze Gruppe benutzte, wurden von Sandy, meinem Indianerjungen, angefertigt und hatten alle das gleiche Muster."

„Das ist egal", antwortete er, während seine Augen vor Belustigung funkelten. „Schneeschuhe sind in Ordnung, aber ich habe ständig deine Spuren gesehen. Wenn der Indianer geht, geht er mit den Zehen hinein; Wenn ein weißer Mann geht, geht er mit ausgestreckten Zehen. So habe ich gesehen, wo die Missionare ständig Spuren hinterlassen."

Wir alle wählten ihn zu einem klugen und ehrlichen Indianer und freuten uns darüber, dass dieser rote Indianer des Waldes durch die treuen Lehren eines anderen Missionars, so sehr in den Lehren der Bergpredigt verankert war.

Kapitel Elf.

Die Rechtfertigung des Sabbats.

Wenn die Missionare zu den Heiden gehen und das gesegnete Evangelium des großen Buches predigen, müssen sie unbedingt mit ersten Grundsätzen beginnen. Wenn gute Eindrücke gemacht und Herzen berührt wurden, dann folgt eine religiöse Unterweisung in Angelegenheiten, von denen sie völlig unwissend waren! und vieles, was falsch und oft sehr kindisch ist, muss verlernt werden.

Für diese Menschen war der Sabbat vor der Ankunft des Missionars völlig unbekannt. Die Predigt davon erfüllte sie zunächst mit Verwirrung und Kummer. Sie dachten, es würde ihre Pläne durchkreuzen und ihre Jagdvereinbarungen so durchkreuzen, dass sie in absolute Not geraten würden. Sie waren arm, obwohl sie jeden Tag arbeiteten und fischten; und von jedem siebten Tag einen zu opfern, ohne eine Waffe abzufeuern oder ein Netz auszurichten – was würde aus ihnen werden! So argumentierten einige der Indianer.

Treu und liebevoll legten die Missionare die Gebote Gottes vor und versprachen den Gehorsamen Segen. Das Buch selbst wurde sorgfältig durchsucht, und es bestand ein großer Wunsch zu wissen, ob sich Passagen wie die, die wir hier zitieren, jetzt auf Weiße und Inder beziehen: „Wenn du deinen Fuß vom Sabbat abwendest, tust du dein Vergnügen nicht an meinem." heiliger Tag, und nenne den Sabbat eine Wonne, das Heilige des Herrn, ehrenhaft; und sollst ihn ehren, wenn er nicht deine eigenen Wege tut und nicht dein eigenes Gefallen findet noch deine eigenen Worte redet, dann sollst du dich am Herrn erfreuen, und Ich werde dich auf den Höhen der Erde reiten lassen und dich mit dem Erbe Jakobs, deines Vaters, ernähren; denn der Mund des Herrn hat es geredet."

Schließlich beschlossen die christlichen Inder unter treuer Unterweisung und mit der Unterstützung des gesegneten Geistes, das Buch als Leitfaden zu nehmen und den Sabbattag einzuhalten. Sofort wurden die Gewehre, Pfeil und Bogen beiseite gelegt und die Fischernetze für diesen Tag im Wind hängen gelassen. Es wurden weder Fallen aufgesucht, noch wurden die Äxte gegen die Bäume gehoben. Ihre einfachen Mahlzeiten wurden gekocht und gegessen, und alle, die teilnehmen konnten, wurden dreimal an jedem Sabbat im Haus Gottes gefunden.

Doch nun erhob sich heftiger Widerstand von unerwarteter Seite. Die große Pelzhandelsgesellschaft, die so lange Zeit die despotische Macht im Land innegehabt hatte, befürchtete in ihrer Kurzsichtigkeit, dass die Pelzerträge der Jäger sinken würden, wenn nur ein Siebtel der Zeit ausfallen würde. Sie waren, wie sie es ausdrückten, in Müßiggang versunken, verspotteten die Taten der Missionare und versuchten durch Bestechung und Drohungen, die Indianer dazu zu bringen, ihre Lehren zu diesem Thema zu ignorieren.

Als die Sommerausflüge begannen und die Indianer sich weigerten, am Sabbat zu reisen oder in den Booten zu arbeiten, entwickelte sich die Aktion der Gesellschaft zu einer regelrechten Verfolgung. Eine Beschreibung dieses „Stolperns" in diesem großen, wilden Nordland ist notwendig, damit unsere Leser die Haltung der sabbathaltenden Indianer und ihre zufriedenstellendsten Ergebnisse verstehen können.

Einige der Innenposten der Hudson Bay Company liegen so weit von der Küste entfernt, dass sieben Jahre und manchmal mehr vergingen, bis die für die verschickten Waren gewonnenen Pelze den Londoner Markt erreichen konnten. Die Warenballen wurden zunächst mit den Schiffen des Unternehmens zur Fabrik in York an der Hudson Bay verschifft. Dann wurden sie von den indianischen Ausflüglern in starken Booten mitgenommen, die zwischen drei und fünf Tonnen fassen konnten. Einige dieser Boote bildeten eine „Brigade". Es wurde ein Kapitän des Ganzen ernannt und eine gute Disziplin gewahrt.

Die erste Brigade transportierte die Ballen die Flüsse hinauf, musste dabei oft viele gefährliche Orte passieren und war vielen Risiken ausgesetzt. Große Sorgfalt und Wachsamkeit waren erforderlich, und dennoch kam es manchmal zu Schiffbrüchen und Todesopfern. Der schwierigste Teil der Arbeit bestand in der sogenannten „Anfertigung der Portagen". Einige der Flüsse sind voller Wasserfälle und Stromschnellen, die für Boote unpassierbar sind. Hier müssen die Portagen vorgenommen werden. Die robusten Bootsführer rudern so nah wie möglich an die Stromschnellen heran, entladen ihre Ladung und tragen sie auf dem Rücken zur ausgewählten Stelle unterhalb des Hindernisses im Fluss. Dann müssen die Boote an Land gezogen und mit der vereinten Kraft der verschiedenen Mannschaften über Land an denselben Ort geschleppt werden; Hier werden sie erneut zu Wasser gelassen und mit Ladung an Bord geht die Reise weiter. Auf einigen dieser Reisen geht die Anzahl der Portagen in die Höhe. Große Seen müssen überquert werden, wo manchmal heftige Stürme wüten und der Gegenwind so heftig weht, dass die Brigaden manchmal viele Tage verspätet sind.

In Norwegen House, das viele Jahre lang das große nördliche Depot für die Waren der Kompanie und das große Verteilungszentrum für die Innenteile war, tauschte diese erste Brigade ihre Warenladung gegen die Ballen reicher Pelze, die eine andere Brigade, das waren aus dem weiteren Landesinneren gekommen, vielleicht aus Athabasca oder dem Saskatchewan-Land, und hatten sie auf ihrem Weg zu den Schiffen für den Londoner Markt bis hierher gebracht. Dann würde diese zweite Brigade Hunderte von Meilen ins

Landesinnere zurückkehren; und als sie auf eine andere Brigade aus noch weiter entfernten Regionen trafen, tauschten sie ihre Warenladung mit dieser dritten Brigade gegen noch weiter entfernte Regionen aus. So ging es weiter, bis einige der Warenballen mehr als dreitausend Meilen von der Küste entfernt waren, wo sie angelandet wurden; und die verschiedenen Posten hatten ihren Warenvorrat für den Pelzhandel mit den Indianern. So geschah es, dass Jahre vergingen, bis die Waren einige der Orte erreichten; und es dauerte auch Jahre, bis die Pelze das Schiff nach England erreichten.

All diese schwere Arbeit wurde von den indischen Bootsleuten oder „Ausflüglern", wie sie genannt wurden, verrichtet. In den kalten Wintermonaten waren sie die Pelzjäger; aber solange es offenes Wasser gab, also kein Eis, wurden sie zu Hunderten eingesetzt, um Waren aufzunehmen und Pelze herauszubringen.

Der einzige despotische Befehl, den die Kompanie diesen Brigaden erteilte, lautete: „Vorwärts!" Sie argumentierten: Der Sommer in diesen hohen Breiten sei kurz; wir müssen das Beste daraus machen. Jeder Tag zeigt es, und es darf übrigens keine Verzögerungen geben. Das Ergebnis war, dass die Männer bis aufs Äußerste beansprucht wurden. Viele versagten am Ruder, während andere unter den schweren Lasten auf den schwierigen Transporten zusammenbrachen. „Schnell die Reihen auffüllen und weitermachen", lautete der Befehl. Vom Beginn der Reisesaison bis zum Ende herrschte Aufregung, Hektik und hoher Druck. Es gab keine Entspannung – keinen Sabbat – keine Ruhe.

Es erschien dem Missionar völlig töricht, in eine solche Situation zu kommen und zu den besten Männern der besten Brigade zu sagen: „Wir wissen, dass der Sommer kurz ist, und er ist für das Wohlergehen des Unternehmens und Ihres eigenen von entscheidender Bedeutung." Lohn, dass die Waren aufgenommen und die Pelze herausgebracht werden sollten. Aber eine höhere Macht hat gesagt: ‚Denken Sie an den Sabbattag, um ihn heilig zu halten. Wenn Sie also Samstagnacht einholen, binden Sie Ihre Boote fest, legen Sie Ihre Ruder beiseite und ruhen Sie in Stille und Hingabe, bis Gottes Tag vorüber ist.'"

Die Gesellschaft war in ihrer Blindheit zunächst verblüfft, dann wütend. Ein Siebtel des kurzen Sommers zu verlieren, in dem die Brigaden manchmal vom Eis erfasst wurden, würde niemals genügen! Dieser Fanatismus muss gestoppt werden! Sie drohten – sie verfolgten den Missionar und die Indianer. Ihr Monopol im Land verschaffte ihnen große Macht, die sie gnadenlos ausübten. Unfähig, den Missionar durch Bestechung oder Drohungen zu einer anderen Haltung zu bewegen, griffen sie zur Verfolgung; und durch die schlimmsten Verleumdungen versuchte er, seinen guten Namen zu zerstören und ihn aus dem Land zu vertreiben.

Er war ein kluger und vernünftiger sowie mutiger Mann; und indem er auf seinem Posten stand, bemühte er sich, seinen reichen und mächtigen Kritikern zu zeigen, dass ihnen kein Schaden zugefügt würde, wenn ihre Angestellten jeden siebten Tag eine Pause einlegten. Er erklärte mutig, dass ein Mann in sechs Tagen mehr Arbeit leisten könne, wenn er den siebten ausruhe, als wenn er ununterbrochen arbeite; und er forderte sie auf die Probe.

Zunächst wurde die Aussage, die sich so eindeutig als wahr erwiesen hatte, mit Spott belächelt. Da der Missionar und seine christlichen Indianer jedoch treu blieben, musste die Truppe so weit nachgeben, dass sie eine Brigade zur Einhaltung des Sabbats entsandte, was sie mit vielen Ängsten und Bedenken tat. Zu ihrer Überraschung erledigten sie ihre Arbeit genauso gut und kehrten in kürzerer Zeit zurück, wobei die Männer bei besserer Gesundheit waren als diejenigen, die keinen Sabbat kannten. Die Logik des tatsächlichen Erfolgs setzte sich schließlich durch. Jeglicher Widerstand hörte auf, und bis zu dem Zeitpunkt, als die alte Ordnung der Dinge zu Ende ging und die Ruder der Dampfkraft wichen, war niemand voreilig genug, die Fähigkeit der Sabbath-haltenden Indianer in Frage zu stellen, diejenigen, die den Sabbat hielten, in ihrer Arbeit zu übertreffen hielt den Ruhetag nicht ein.

Ich bin oft mit diesen christlichen Indianern gereist, und die auf diesen langen Reisen verbrachten Sabbate sind schöne und glückliche Erinnerungen. Bis zur letzten Stunde des Samstags, in der die Reise sicher war, wurde die Reise fortgesetzt, bis in einem ruhigen Hafen oder einer gemütlichen Flussbiegung, sicher vor plötzlichen Stürmen oder Tornados, die Boote und die Ladung sicher befestigt waren sorgfältig mit den Wachstüchern abgedeckt. Nach einem auf Eis zubereiteten Abendessen versammelten sich alle um das helle Lagerfeuer zur Abendandacht. Ein Lied wurde gesungen, ein Kapitel aus dem guten Buch vorgelesen und ein oder zwei aus der Gesellschaft beteten. Der Sabbat sollte ruhig und erholsam verbracht werden, mit mindestens zwei beeindruckenden und einfachen Gottesdiensten. Am Montag, im ersten Morgengrauen, machten wir uns auf den Weg, und nach einer hastigen Mahlzeit und einem Gebet sollte die Reise mit neuem Elan fortgesetzt werden.

So wurde bei den Nordindianern der Sabbat eingeführt.

Kapitel zwölf.

Gott ist mächtiger als der Zauberer.

Die folgende schöne Geschichte verdient einen Platz unter den vielen echten Gebetserhörungen. Immer noch sagt der Herr zu seinen Anhängern: „Ich werde vom Haus Israel noch darum gebeten, es für sie zu tun."

Unsere indischen Konvertiten glauben an Gott. Mit einem einfachen, kindlichen Glauben nehmen sie ihn beim Wort. Einer unserer Indianer erhielt bei seiner Taufe den englischen Namen Edmund Stephenson. Er war ein ernsthafter, einfacher Christ. Seine Religion machte ihn fleißig, und so sorgte er durch fleißiges Jagen und Fischen für den Lebensunterhalt seiner Frau und seiner beiden kleinen Kinder.

Eines Abends, etwa Mitte letzten Oktober, ließ er seine Familie in seinem kleinen Zuhause im Norway House zurück und machte sich auf den Weg einen reißenden Fluss hinauf, um einige seiner Verwandten zu besuchen, die mehrere Meilen entfernt lebten. In diesen hohen Breiten setzt der kalte Winter so früh ein, dass der Fluss bereits mit Eis bedeckt war. Um die Reise viel schneller zu machen, schnallte er sich seine Schlittschuhe an, und als er das letzte Mal gesehen wurde, raste er in der Abenddämmerung schnell davon.

Er kehrte am nächsten Tag nicht wie versprochen zurück, und seine Familie war beunruhigt und schickte einen indischen Boten, um sich nach dem Grund zu erkundigen. Zu seiner Überraschung wurde er von den Freunden darüber informiert, dass Edmund sie nicht besucht hatte und sie nichts über seinen Aufenthaltsort wussten. Als diese Nachricht nach Hause überbracht wurde, herrschte große Besorgnis und es wurde schnell ein Suchtrupp zusammengestellt. Von der Stelle aus, an der er zuletzt lebend gesehen wurde, untersuchten sie das Eis sorgfältig und entdeckten nach kurzer Zeit den schlüssigsten Beweis dafür, dass der arme Mann ertrunken war.

Über einem Teil des Flusses, wo die Strömung sehr schnell ist, stellten sie fest, dass das Eis durchbrochen war; und obwohl nun alles wieder fest zugefroren war, entdeckten sie doch in der erstarrten Masse einen von Edmunds Hirschlederhandschuhen, einen Knopf seines Mantels und andere Beweise dafür, dass er hier durch das Eis gefallen war und viel gemacht hatte verzweifelter Fluchtversuch. Da es schon fast dunkel war, als die Forscher den Ort und die Art und Weise seines Todes entdeckten, mussten sie sich damit zufrieden geben und die Suche nach der Leiche auf den nächsten Tag verschieben.

Früh am nächsten Morgen machten sie sich fleißig an die Arbeit. Da seit dem Vorabend viel Schnee gefallen war, wurden sie in ihren Bemühungen sehr behindert; und obwohl eine große Anzahl von Männern mit Schneeschaufeln, Äxten und Entereisen an vielen Stellen sorgfältig nach den Überresten suchte, vergingen mehrere Tage, und ihre Bemühungen blieben immer noch erfolglos.

Unter den Suchenden waren einige Indianer, die noch an die Fähigkeiten und übernatürlichen Kräfte der Zauberer oder Medizinmänner glaubten. Da diese in ihren Bemühungen entmutigt waren, beschlossen sie, einen dieser alten Männer zu konsultieren, und sagten:

„Lasst uns gehen und den alten Kwaskacarpo konsultieren und ihn bitten, für uns zu zaubern und uns zu sagen, wo wir die Leiche finden können."

Die christlichen Indianer protestierten dagegen und versuchten, sie davon abzubringen; aber es hatte keinen Sinn, dass sie in ihren Bemühungen so entmutigt wurden. So brachten sie dem Zauberer Tee und Tabak als Geschenke und teilten ihm den Zweck ihres Kommens mit. Als Reaktion auf ihre Wünsche und als Gegenleistung für ihre Geschenke nahm er seine heilige Trommel und seinen Medizinbeutel mit ins Zelt, trommelte geräuschvoll herum, bis er in eine Art Raserei oder Delirium geriet, und sagte ihnen dann, wo sie schneiden sollten Eis und Schleppen für die Leiche ihres toten Kameraden.

Als die christlichen Indianer hörten, dass diese anderen den Zauberer um Hilfe gebeten hatten, waren sie sehr betrübt. Besonders einer, ein großer alter Mann namens Thomas Mustagan, war sehr deprimiert. Während er den Verlust Edmunds zutiefst empfand, war er sehr verletzt, als ihn die Nachricht erreichte, dass einige der Sucher, anstatt in ihrer Verwirrung und Not zu Gott zu gehen, wie König Saul auf solch umstrittene Agenturen zurückgegriffen hatten.

Kaum hatte er diese Nachricht erhalten, beschloss er, einen ganz anderen Kurs einzuschlagen. Seine Frau dazu bringen, eine Menge Essen zu kochen; Er trug es zusammen mit einigen Teekesseln zu einer Stelle am Ufer in der Nähe der Stelle, an der die Männer eifrig nach der Leiche suchten.

Er räumte den Schnee weg und machte ein Feuer; und als der Tee zubereitet war, rief er die hungrigen und fast entmutigten Männer um ihn herum und ließ sie sein Essen essen und seinen Tee trinken. Dann sprach er zu ihnen vom einen lebendigen und wahren Gott und von seiner Macht, Gebete zu hören und zu beantworten. Er sprach von der Torheit und Bosheit derer, die, nachdem sie von ihm gehört hatten, hingegangen waren und den bösen alten Zauberer um Rat gefragt hatten. „Lasst uns zu dem Gott gehen, von dem uns unsere Missionare erzählt haben. Er ist derjenige, der uns in unserer Not hilft."

Mit den Menschen um ihn herum kniete er im Schnee nieder und bat Gott ernsthaft und ehrfürchtig, ihnen zuzuhören und ihnen in ihrer Trauer und Ratlosigkeit beizustehen. Er betete, dass ihnen Weisheit gegeben werden möge, damit sie die Leiche ihres lieben Freundes irgendwo in diesem kalten Fluss finden könnten; damit sie es aufheben und auf ihrem kleinen Dorffriedhof begraben könnten. Er bat Gott eindringlich, die arme, traurige Witwe und die kleinen, hilflosen Kinder zu trösten. So rief dieser ehrwürdige alte Indianer, der mehr als vierzig Winter hinter sich hatte, mit gläubigem Glauben Gott an.

Als sie sich von ihren Knien erhob, sagte er: „Lasst uns nun im Vertrauen darauf, dass Gott uns antwortet, an die Arbeit gehen.“

Aufgrund der Menge Schnee, die auf das Eis gefallen war, mussten sie ihn zuerst wegkratzen und dann nach eigenem Ermessen entscheiden, wo sie das Eis durchschneiden und nach der Leiche schleppen mussten. Obwohl Thomas ein so alter Mann war, schien er jetzt der wachsamste und aktivste in der Gruppe zu sein. Im gegenseitigen Einvernehmen wurde ihm die Führung der Partei der christlichen Indianer übertragen, die nun fleißig unter seiner Leitung arbeitete.

In der Zwischenzeit erzählte der alte Zauberer Kwaskacarpo seinen Anhängern mit zuversichtlicher Stimme, dass er gezaubert hatte, und die Antwort war, dass sie das Eis an einer bestimmten Stelle schneiden sollten.

Die christlichen Indianer kümmerten sich weder um ihn noch um seine Gruppe, sondern machten sich auf den Weg, und so schnell das Eis vom Schnee befreit war, schaute Thomas, so gut er konnte, hindurch.

Plötzlich erhob er sich schnell von einer Stelle aus halbdurchsichtigem Eis, die er sorgfältig untersucht hatte, und rief den Männern mit den Äxten und Eismeißeln zu und sagte:

"Versuch es hier."

Bald hatten sie ein großes Loch geschnitten, die Enterhaken wurden zum Einsatz gebracht, und dort wurde die Leiche Hunderte Meter von der Stelle entfernt gefunden, an der der Zauberer seine Anhänger angewiesen hatte, danach zu suchen.

Während Thomas aufmerksam das Eis durchsuchte, hatte er an dieser Stelle an der Unterseite eine Menge Luftblasen entdeckt. Ihm kam der Gedanke, dass hier der Körper geruht hatte und die letzte Luft aus der Lunge entwichen war und diese Blasen gebildet hatte. Er hatte um Weisheit und göttliche Führung gebeten und wurde nicht enttäuscht, denn weniger als eine Stunde, nachdem diese frommen Indianer in ernstem Gebet auf den Knien gelegen hatten, wurde der Leichnam ihres Kameraden zu seinem Haus und von dort zu seinem Haus getragen letzte Ruhestätte im „Acker Gottes" des kleinen christlichen Dorfes.

Kapitel Dreizehn.

Betsy, die indische Frau.

Sie war keine schlecht aussehende Frau, aber sie hatte ein so trauriges Gesicht, auf dem anscheinend nie ein Lächeln zu sehen war. Frau Young und ich hatten das beide bemerkt und miteinander darüber gesprochen. Ihr Name war Betsy. Sie war die Frau eines Inders mit Namen Atenou, der jedoch bei seiner Taufe, wie die meisten seiner Landsleute, um die Hinzufügung eines englischen Namens gebeten hatte und daher als Robert Atenou bekannt war. Sein Lebenslauf schien der eines ruhigen, fleißigen Indianers zu sein, der wie alle anderen fischte und jagte und niemandem Ärger machte. Da er, wie viele seiner Leute, über die Fähigkeit verfügte, seine Meinung zu äußern, sehr treu an allen Gottesdiensten teilnahm und ein gottgefälliges Leben zu führen schien, wurde ihm eine offizielle Position in der Kirche übertragen , was er sehr schätzte.

Es wurde jedoch festgestellt, dass Roberts Aufstieg in der Kirche die Wolke, die sich auf dem Gesicht seiner Frau befand, nicht zu vertreiben schien. Während die anderen Frauen so aufgeweckt, glücklich und dankbar über die Veränderung waren, die das Christentum in ihr Leben gebracht hatte, und zeitweise nicht zögerten, darüber zu sprechen, war sie eine deutliche Ausnahme.

Da wir uns nicht in ihre Angelegenheiten einmischen wollten, mussten wir trotz unserer Verwirrung eine Zeit lang im Dunkeln tappen und konnten über die Ursache nur Vermutungen anstellen.

Der vielleicht wunderbarste und auffälligste Beweis für die Seligkeit des Evangeliums ist neben seiner göttlichen Kraft bei der Erlösung der Seele die herrliche Art und Weise, wie es Frauen erbaut. Die Lage der Frauen in Ländern, die von den gesegneten Einflüssen des Christentums nicht erreicht werden, ist in der Tat traurig. Er, dessen wunderbare und zärtliche Liebe zu seiner Mutter und zu den guten Frauen, die ihm dienten, so deutlich zum Ausdruck kam, als er auf unserer Erde wandelte, ist immer noch Jesus. Und wo immer sein Name erfolgreich verkündet und Herzen geöffnet werden, um ihn zu empfangen, findet sofort eine herrliche Erhebung der Frau aus einem Zustand der Minderwertigkeit und Erniedrigung statt, hin zu einem Zustand, in dem sie geehrt und respektiert wird.

Die nördlichen Indianerstämme auf diesem Kontinent waren zwar nicht sehr kriegerisch und pflegten auch kaum die Skalps ihrer Feinde zu verfolgen, hatten aber andere Verbrechen und Sünden, die zeigten, dass sie gefallen und sündig waren und das Evangelium dringend brauchten. Zu den Mängeln und Bosheiten der Männer gehörte die fast allgemeine Verachtung und

Grausamkeit gegenüber den Frauen. Wenn ein Mann freundlich zu seiner Frau, seiner Mutter oder seiner Tochter sprach oder sich freundlich verhielt, galt dies für sie als Zeichen von Schwäche und Weiblichkeit. Den Frauen gegenüber hart und kalt zu sein, galt als eines der Zeichen des idealen Inders, nach dem sie immer strebten. Es galt als entwürdigend, jegliche körperliche Arbeit den Frauen zu überlassen, mit Ausnahme der Jagd und des Fischfangs , und einige überließen, soweit möglich, sogar den Fischfang ihnen. Wo es keine Stammeskriege gab, war der perfekte Indianer nur der große Jäger. Und bei dem großen Jäger endete seine Arbeit, als das Wild getötet wurde. Wenn es überhaupt möglich wäre, seine Frau oder Mutter zu der Stelle zu schicken, an der das Tier lag, das sein Pfeil oder seine Waffe niedergeschossen hatte, würde er es verschmähen, es zu tragen oder zurück ins Lager zu schleppen. Er hatte den Bären, den Elch, das Rentier oder welches Tier es auch sein mochte, getötet, und nun war es die Aufgabe der Frau, ihn zum Wigwam zu bringen und ihm so schnell wie möglich sein Essen zuzubereiten. So haben wir gesehen, wie der große, tapfere, sechsfüßige Jäger mit dem Gewehr auf der Schulter ins Dorf marschierte, während die arme Mutter, Frau oder Tochter hinterher trottete, fast erdrückt von der Last des Wildes auf ihr zurück. Er trug die Waffe – sie das Spiel.

Dann blieb ihr keine Zeit zum Ausruhen, egal wie müde sie von der schweren Last war. Mit einem schnellen, harten „kinipe" (beeilen); sie war bald bei der Arbeit. Die Haut wurde schnell und geschickt entfernt, und ein Teil des herzhaften Fleisches wurde gekocht und ihrem Mann oder Sohn vorgelegt. Sie durfte keinen einzigen Bissen probieren, bis der Despot gemächlich aufgegessen hatte, es sei denn, sie würde einige der Knochen pflücken, die er ihr herablassend zuwarf, während sie in einiger Entfernung von ihm bei den Mädchen und Hunden saß. Daher wurde sie wie eine Sklavin, Arbeitsladerin oder Lasttier behandelt. Als dann Krankheit oder Alter eintraten und sie nicht mehr in der Lage war zu arbeiten, zu schuften und zu arbeiten, wurde sie gnadenlos aus dem Leben geworfen; die übliche Methode war Erwürgen.

Dies war der traurige Zustand der Frauen in verschiedenen Teilen dieses großen Kontinents, bevor das Evangelium die Indianerstämme erreichte. Sehr wunderbar und beeindruckend waren die Veränderungen, die wir bei denen erlebt haben, zu denen wir mit der Wahrheit gegangen waren. An manchen Orten wurden wir Zeuge von Veränderungen, die durch die Arbeit der würdigen Männer vor uns herbeigeführt wurden; an anderen Orten durften wir sowohl die Saat säen als auch die herrliche Ernte erleben.

Obwohl die Menschen hier aus Sicht des Weißen arm waren, waren die kleinen Häuser, in denen die Anhänger des Herrn Jesus lebten, Häuser des Glücks, und überall herrschte der Geist der Freundlichkeit und Zuneigung. Dort lebten Männer und Frauen gleichberechtigt. Die Männer aßen nicht mehr allein und von den besten Wild- und Fischgerichten, sondern alle zusammen, Männer und Frauen, Jungen und Mädchen, als eine liebevolle Familie, teilten verhältnismäßig, was gesichert worden war. Das Ergebnis war, dass in unserem Missionsdorf eine Stimmung der Zufriedenheit und des Glücks herrschte, die sehr erfreulich war.

Doch inmitten dieser glücklichen Gesichter und Danksagungen gab es dieses eine traurige Gesicht und eine stille Zunge. Was war die Ursache? Endlich kam die Wahrheit ans Licht, und zwar auf eine fast dramatische Weise.

Mrs. Young und ich waren eines Tages mit unseren Routineaufgaben beschäftigt, als Betsy in unser Haus kam und sich kaum Zeit genug nahm, den üblichen Morgengruß zu halten, rief sie mit äußerster Entschiedenheit aus: „Robert ist nicht freundlich zu mir und behandelt mich nicht wie die anderen Männer, die sich als Christen ausgeben, ihre Frauen behandeln."

Diese starke, nachdrückliche Bemerkung erschreckte uns und gab uns sofort den Hinweis auf die Ursache des traurigen Gesichts. Zuerst wussten wir kaum, wie wir auf eine so eindringliche Äußerung antworten sollten, und warteten schweigend darauf, dass sie fortfuhr. Aber da saß sie still, ihr Gesicht war fast in ihrem schwarzen Schal verborgen, und sie schien Angst zu haben, weiterzugehen. So mussten wir schließlich das peinliche Schweigen brechen, indem wir sagten, es täte uns sehr leid, ihre Worte zu hören, und wir könnten ihre Bedeutung nicht verstehen, da Robert ein sehr guter Mann und ein ernsthafter Christ zu sein schien.

Dies veranlasste sie sofort, ihr Schweigen zu brechen, und als sie sich zu mir umdrehte, sagte sie:

"Ja das ist es. Wenn er sich nicht so als Christ bekennen würde, würde es mir nichts ausmachen und ich würde es stillschweigend ertragen; aber er *gibt vor*, ein Christ zu sein, und behandelt mich nicht auf die Art und Weise, wie die anderen christlichen Männer ihre Frauen behandeln."

Dann beruhigte sie sich und erzählte uns ganz unkompliziert ihre Geschichte, die wie folgt lautete:

„Wenn Robert rausgeht und ein Reh schießt, kommt er zwar nicht mit der Waffe auf der Schulter nach Hause und zwingt mich, ihm auf die Spur zu gehen und das Wild einzufangen; er bringt es selbst mit, wie die anderen christlichen Inder; aber wenn es hereingebracht wird, lässt er mich es häuten; und dann bringt er die beiden Keulen zur Festung und tauscht sie dort bei den Pelzhändlern gegen etwas Mehl, Tee und Zucker ein, die er nach Hause bringt. Ich muss für ihn eine Vorderschulter vom Hirsch kochen, am Feuer Kuchen aus seinem Mehl backen und dann, wenn der Tee fertig ist und das Abendessen fertig ist, sitze ich da und beobachte ihn, unsere Jungs und alle männlichen Besucher Wer sich gerade dort aufhält – und in der Regel sind es zu diesem Zeitpunkt mehrere –, isst, bis alles aufgegessen ist. Er gibt weder mir noch den Mädchen etwas von diesen guten Dingen. Wir müssen mit einem Kanu rausfahren und mit einem Netz Fische für unser Essen fangen. Und doch", fügte sie mit einiger Bitterkeit hinzu, „bezeichnet er sich selbst als Christen; und behandelt uns so, als hätte er den Missionar nie gehört."

Natürlich waren wir beide empört, als sie ihre Geschichte erzählte, und zögerten nicht, ihr unseren Ärger darüber mitzuteilen, dass wir so behandelt wurden. Aber wie eine Frau und wie eine Frau, als ich sagte:

„Robert wird davon erfahren und sofort aufgeklärt werden", ihre Ängste wurden geweckt, und es schien, als würde sie jetzt Angst vor dem haben, was sie gesagt hatte. Allerdings fiel es ihr nicht schwer, ihre Ängste zu zerstreuen, obwohl es zunächst so aussah, als würde sie aus dem Haus eilen, in ihr Zelt zurückkehren und sich dem demütigenden Leben unterwerfen, das ihrer Meinung nach nicht so lange hätte weitergehen sollen.

Nach einer kurzen Beratung mit Frau Young einigten wir uns auf unser Vorgehen. Betsy sollte im Missionshaus bleiben, bis ich eine Reihe älterer christlicher Männer in der Kirche versammelt hatte; und später sollte Robert gerufen werden, von dem wir von seiner Frau erfuhren, dass er sich gerade in seinem Zelt befand.

Es dauerte jedoch nicht lange, die von mir gewünschten Männer zusammenzutrommeln, da die meisten Leute zu diesem Zeitpunkt noch zu Hause waren. Über den Zweck, zu dem ich sie zusammengerufen hatte, waren sie völlig im Unklaren. Wenn in der Kirche. Ich ließ Frau Young und Betsy zu uns kommen. Die arme Betsy hatte jetzt solche Angst, dass es schien, als würde sie wie ein aufgescheuchtes Reh in den Wald rennen. Sie war jedoch in guten Händen. Mrs. Young sprach tröstende Worte und tröstete sie sehr, indem sie ihr sagte, dass das, was sie getan hatte, als sie mit der Geschichte ihres Unrechts zu uns gekommen war, vollkommen richtig war und dass sehr bald alles geklärt sein würde.

Kurz nachdem die beiden Frauen hereinkamen und gemeinsam Platz nahmen, kam Robert herein, für den ich zwei Männer geschickt hatte.

Zuerst war er sehr überrascht über die Versammlung und besonders verwirrt und verwirrt, als er sah, dass seine Frau dort neben der Frau des Missionars saß. Bevor er etwas sagen konnte, wies ich ihn auf einen Sitzplatz hin, von dem aus er seine indianischen Brüder gut sehen konnte, ohne dass seine Anwesenheit seine Frau einschüchtern oder niederdrücken würde. Kurz darauf schloss ich die Kirchentür ab und sagte:

"Lass uns beten."

Nach dem Gebet wandte ich mich an Betsy und sagte:

„Nun, Betsy, wenn das, was Sie Frau Young und mir im Missionshaus erzählt haben, wahr ist, und ich glaube, dass es wahr ist, dann möchte ich, dass Sie die Geschichte jetzt noch einmal erzählen, damit diese christlichen Männer sie hören können. Ganz zu schweigen von der Tatsache, dass Robert hier ist; Wenn er ein Christ ist, wie er sagt, wird es ihm hoffentlich gut tun, davon zu hören."

Die Gesichter dieser Indianer waren Studien. Niemand wusste, nicht einmal Robert selbst, was Betsy zu sagen hatte; und so warteten sie voller Erstaunen auf ihre Geschichte.

Mit einem ermutigenden Wort von Frau Young begann sie; und obwohl sie zunächst schüchtern und nervös war, gewann sie bald ihre Selbstbeherrschung zurück und erzählte auf völlig natürliche Weise die Geschichte der Behandlung, die sie und die Mädchen durch die Hände ihres Mannes erfahren hatten. Mit neuem Nachdruck verweilte sie bei dem, was ihr offenbar am meisten Kummer bereitet hatte? „Wenn er nicht so erklärt hätte, ein Christ zu sein, hätte es mich nicht so sehr gestört."

Inder sind die besten Zuhörer der Welt. Sie unterbrechen niemanden in seinem Vortrag. Und so beherrschte sogar Robert, der anfangs einfach nur verblüfft und erstaunt war, seine Fassung und schwieg. Nur sehr wenige weiße Männer hätten das geschafft. Ich hatte ihn absichtlich so platziert, dass stärkere Männer ihn sofort hätten zurückhalten können, wenn er plötzlich Gewalt versucht hätte. Aber nichts dergleichen wurde versucht. Während seine Frau immer weiter redete und den Unterschied zwischen seinem Verhalten gegenüber ihr und ihren Mädchen und dem der anderen christlichen Männer gegenüber ihren Frauen und Töchtern zeigte, sank Roberts Kopf immer tiefer, bis er dort gedemütigt und beschämt vor ihm saß Brüder. Als Betsy ihren Vortrag beendet hatte und sich setzte, wandte ich mich an die guten Männer, die dort versammelt waren, und sagte lediglich:

„Was halten Sie von einem solchen Verhalten seitens eines Menschen, der sich als Christ bezeichnet?"

Ihre Empörung kannte keine Grenzen. Wie indianisch hatten sie Betsy ihre ganze Geschichte ohne Unterbrechung erzählen lassen; Aber der Ausdruck auf ihren Gesichtern, als sie weiterging, verriet, wie tief sie betroffen waren. Nachdem sie nun ihre Geschichte gehört hatten, schien es, als wollten sie alle miteinander sprechen; aber es gibt gut verstandene, wenn auch ungeschriebene Vorrangregeln zwischen ihnen, also sprach der Erste der Reihe nach, dann der Zweite, dann der Dritte und so weiter.

Wie haben sie den armen Kerl herabgekleidet! Obwohl es sehr streng war, war es christlich und brüderlich. Sie sprachen als Männer, die betrübt und verwundet waren.

„Haben Sie sich so verhalten? Du, Robert Atenou, der du dich so lange als Christ bekennst; Sie, Ihre arme Frau und Ihre Kinder so zu behandeln; als ob weder eine Bibel noch ein Missionar unter uns gekommen wäre! Jetzt wissen wir, warum Betsy so traurig war und sich nicht wie die anderen Frauen freute."

So tadelten sie ihn treu und brachten ihre Trauer über sein herzloses Verhalten zum Ausdruck.

Armer Robert, ich musste bald Mitleid mit ihm haben. Zunächst war ich natürlich ein wenig besorgt darüber, wie ein einst stolzer, feuriger Inder die Anklage seiner Frau wegen seiner Verfehlungen und seines Egoismus und auch diese Zurechtweisungen seiner Brüder aufnehmen würde. Es hat jedoch alles gut geklappt. Robert vergrub einfach sein gebräuntes Gesicht in seinen Händen und nahm alles schweigend entgegen. Als ich dachte, es sei weit genug gegangen, und in meinem Kopf beschlossen hatte, ihn nicht sofort zu befragen, bat ich darum, mit dem Reden aufzuhören, ging und öffnete die Kirchentür.

Sofort stand Robert auf und verließ die Kirche.

Er hatte mit niemandem ein einziges Wort gesprochen.

Betsy, wie eine Frau, wollte ihm sofort folgen, aber Mrs. Young überredete sie, eine Weile nicht zu gehen. Sie nahm das arme, verängstigte Geschöpf mit ins Missionshaus, gab ihr eine Tasse Tee und etwas zu essen und, was sie noch mehr schätzte, ein paar liebevolle, mitfühlende Worte. Als sie nach Hause zurückkehrte, stellte sie fest, dass Robert abwesend war. Die Kinder sagten, er sei hereingekommen, habe, nachdem er ein paar freundliche Worte zu ihnen gesagt hatte, seine Waffe und Munition genommen und sei auf die Jagd gegangen. Er kam erst am nächsten Tag zurück, hatte aber ein schönes Reh bei sich. Diesen häutete er sich selbst, nahm die beiden Hinterteile, ging wie üblich zur Festung und tauschte sie gegen Mehl, Tee und Zucker ein. Als er in sein Zelt zurückkehrte, reichte er diese Dinge seiner Frau und bat sie, sie wie üblich zu kochen. Nachdem alles vorbereitet war, legte er alles seiner Frau, seinen Töchtern und Söhnen vor. Dann forderte er sie auf, das Essen zu genießen, und verließ das Zelt. Er nahm ein Netz und fuhr mit einem Kanu auf den See hinaus. Nachdem er einige Zeit mit Fischen verbracht hatte, sah man ihn am Ufer kochen und seinen Fang essen.

So lebte er wochenlang. Er war ein guter Jäger und arbeitete äußerst fleißig und erfolgreich. Das ganze Wild nahm er mit, brachte er seiner Frau und seinen Kindern und bestand darauf, dass sie sich daran labten, während er sich auf eine Fischdiät beschränkte; obwohl die in dieser Saison gefangenen Fische bei weitem nicht die Besten waren.

Eines Samstagabends, als wir vor unserem Missionsheim standen und den herrlichen Sonnenuntergang genossen, sahen wir Robert den Weg heraufkommen. Als er näher kam, sprach ich ihn freundlich an, aber es war leicht zu erkennen, dass er in Schwierigkeiten war und dass ihm „etwas auf dem Herzen" lag. Wir unterhielten uns über verschiedene Dinge und ich ermutigte ihn, frei zu sprechen. Mit einer plötzlichen Anstrengung löste er sich von seinem Gefühl der Zurückhaltung und sagte:

„Missionar, erlauben Sie mir, morgen zum Sakrament des Abendmahls zu kommen?"

Viermal im Jahr hatten wir diesen sakramentalen Gottesdienst, der für unsere einheimischen Christen ein großartiges Ereignis war. Auf seine Frage antwortete ich:

„Warum, Robert, was bringt mich dazu, dich davon abzuhalten, an den Tisch des Herrn zu kommen?"

Er sah mich ernst an und sagte:

„Es gibt ein gutes Angebot. Denken Sie nur daran, wie ich meine Frau und meine Töchter behandelt habe!"

„Ja", sagte ich, „daran erinnere ich mich; Aber ich weiß auch, wie Sie sie in den letzten Wochen behandelt haben."

Mit einem Gesicht, aus dem die Schatten inzwischen geflohen waren, sagte er schnell: —

„Hast du etwas davon gehört?"

„O ja, Robert", antwortete ich, „ich weiß alles darüber. Ich habe gute Augen und Ohren, und ich habe gesehen und gehört, wie edel du dich erlöst hast. Ich bin sehr froh darüber. Natürlich werde ich Sie am Tisch des Herrn willkommen heißen."

Nach einem weiteren Gespräch sagte ich:

„Sag mir, Robert, warum hast du dich deiner Frau und deinen Töchtern gegenüber so egoistisch verhalten?"

Er sagte nur mit Nachdruck das indianische Wort, das „Dummheit" bedeutet – und fügte dann nach einer kleinen Pause leise hinzu: „Aber ich glaube, ich habe es überwunden."

Und das hatte er auch.

Kapitel vierzehn.

Fünf Indianer und ein Klappmesser.

Indische Jungen lieben Taschenmesser sehr. Da sie ihre Bögen und Pfeile, die Paddel für ihre Birkenkanus und auch die Rahmen für ihre Schneeschuhe selbst herstellen müssen, ist ein gutes Messer natürlich ein wertvoller Besitz. Beim Schnitzen stoßen indische Jungen das Messer nicht von sich weg, sondern ziehen es immer zu sich heran. Sie sind sehr geschickt in der Herstellung der wenigen Dinge, die sie benötigen, und werden von ihren Vätern ermutigt, ihre Arbeit so sorgfältig wie möglich zu erledigen. Je besser also das Messer, desto besser ist die Arbeit, die diese indischen Jungs leisten können, und sie sind ehrgeizig, das allerbeste Messer zu besitzen, das sie bekommen können; Genauso wie die älteren Inder für die allerbesten Waffen, die hergestellt werden, jeden Preis im Rahmen ihrer Möglichkeiten zahlen würden. Da ich diese Liebe zu einem guten Messer kannte, nutzte ich sie einst bei vielen indischen Jungs als Anreiz, sie zum Singen zu ermutigen: wie unsere Geschichte erklären wird.

In einem unserer indischen Dörfer, wo es eine blühende Mission mit Tages- und Sonntagsschulen gibt, sagte mir die engagierte Lehrerin bei einem kürzlichen Besuch:

„Ich wünschte, Sie würden etwas tun, um unsere Jungs zum Singen zu ermutigen. Sie haben gute Stimmen, aber sie scheinen Angst davor zu haben, sie zu benutzen. Wenn es mir gelingt, einen zum Singen zu bringen, lachen die anderen ihn aus, und dann gibt es an diesem Tag kein Singen mehr.“

Ich versprach gern, zu tun, was ich konnte; Aber bevor ich den angenommenen Plan beschreibe, wäre es vielleicht besser, eine Beschreibung der Indianer zu geben, unter denen diese mutige junge Dame lebte. Ihre Jagdgründe liegen in der weiten Region zwischen Lake Winnipeg und Hudson Bay. Sie heißen Saulteaux und sind eine Unterabteilung der großen Algonquin-Familie.

Bis vor Kurzem lebten sie ausschließlich von der Jagd und dem Fischfang. So unwissend waren sie, nicht einmal über die Existenz von Brot, dass sie, als die ersten Missionare, die das Vaterunser in ihre Sprache übersetzten, mit der Bitte kamen: „Gib uns heute unser tägliches Brot“, um es ihnen verständlich zu machen musste es übersetzen: „Gib uns heute etwas, das uns am Leben hält.“

Sie waren und sind immer noch sehr arm. Einst gab es in den Wäldern viel Wild, und die reichsten Pelztiere wie Schwarz- und Silberfüchse, Otter, Biber, Nerze, Marder und Hermeline wurden in großer Zahl gefangen; Aber die unaufhörliche Jagd hat einige dieser Tiere fast ausgerottet, und andere sind sehr schwer zu finden. Einst wimmelte es in den Seen von Fischen; aber die rasche Zunahme der weißen Bevölkerung in den nordwestlichen Staaten und in Manitoba hat die Nachfrage so vervielfacht, dass heute nicht mehr ein Viertel so viele Fische gefangen werden wie früher.

Das Ergebnis ist, dass es den armen Indern, deren einzige Abhängigkeit von diesen Dingen bestand, nicht mehr so gut geht wie früher, selbst mit der geringen Hilfe, die sie von der Regierung erhalten. Daher ist es die zwingende Pflicht der Missionare, sie nicht nur zu christianisieren, sondern im Einvernehmen mit den Regierungsbeamten alles zu tun, was sie können, um sie zu ermutigen, Vieh zu züchten, das verfügbare Land zu kultivieren und diese robusten Feldfrüchte anzubauen die in einer so kalten nördlichen Region zur Reife kommen wird.

Dies war der Ort; und das waren die Indianer, deren Jungen der hingebungsvolle Lehrer mir zum Singen ermutigen wollte. Die Anfrage wurde während der Feier eines Festes gestellt, das ich ihnen gab. Ich hatte der Zivilisation Dinge wie Mehl, Tee, Zucker, Johannisbeeren und Süßigkeiten entzogen; und um vier Uhr morgens waren die indischen Frauen an den vereinbarten Ort gekommen und hatten die Kuchen usw. gekocht und alle anderen notwendigen Vorbereitungen getroffen.

Gegen zehn Uhr versammelten sich die Menschen am Flussufer vor der Kirche. Alle kamen. Alle waren willkommen. Es wurde nicht gefragt, ob sie Christen oder Heiden waren. Wir begrüßten sie alle herzlich und behandelten sie gleich.

Über die glücklichen Ereignisse des Festes, die schönen Stunden liebevoller Unterhaltung und die danach abgehaltenen Gottesdienste haben wir hier keinen Platz zum Schreiben. Es genügt zu sagen, dass gegen 16 Uhr die Kinderstunde kam und wir mit ihnen eine sehr interessante Zeit hatten. Ich war begeistert von ihren Antworten auf meine vielen Fragen, insbesondere von ihrem Wissen über das gesegnete Buch. Die Mädchen sangen sehr süß, aber von den Jungen kam nicht viel Musik, und so begann ich sofort, auf die Bitte der Lehrerin einzugehen.

Da ich, wie bereits erwähnt, die Vorliebe der Jungen für Taschenmesser kannte, ging ich zu einer meiner Kisten, nahm sechs sehr gute heraus, stand vor der Menge auf und sagte:

„Jungs, hört mir zu. Ich werde diese sechs Messer den sechs Jungs geben, die am besten singen werden. Und schau! Während fünf davon gute Messer mit zwei Klingen sind, ist eines davon ein hervorragendes Messer mit vier Klingen! Jetzt werde ich dieses Beste dem Jungen geben, der von allen am besten singen wird!"

Die Aufregung unter den indischen Jungs war wirklich groß. Fast alle Jungen im Publikum stürmten nach vorne und der Prozess begann. Indianer in ihrem wilden Zustand haben keine Musik, die es wert wäre, bewahrt zu werden, und deshalb werden in all unseren Missionen unsere Hymnen und Lieder übersetzt und die Melodien der Zivilisation verwendet. Die Lehrerin setzte sich an die kleine Orgel und die Prüfung begann. Sie sangen Hymnen wie „Fels der Zeitalter", „Komm, du Quelle allen Segens", „So wie ich bin", „Jesus, mein Alles, der Himmel ist verschwunden" und viele andere.

Die minderwertigen Sänger wurden sehr schnell ausgesondert und auf ihre Plätze zurückgeschickt. Als die Zahl auf etwa zehn reduziert wurde, verlief die Auswahl langsamer; aber schließlich wurde die Zahl auf sechs reduziert. Die Frage war nun: Wer von diesen sechs sollte das vierschneidige Messer erhalten? Das war nicht leicht zu regeln. Die Mitglieder des Ausschusses waren sehr unterschiedlicher Meinung; So wurde ein Junge nach dem anderen immer wieder vor Gericht gestellt, und dennoch konnte keine einstimmige Entscheidung erzielt werden.

Während das Komitee die Angelegenheit besprach, nahmen fünf der Jungen, die unsere Verwirrung sahen, die Angelegenheit aus unseren Händen und regelten sie auf eine Weise, die uns alle überraschte und erfreute. Diese fünf waren schöne Exemplare indischer Jungs. Sie waren geschmeidig und stark und voller Leben und Spaß. Der sechste Junge, Jimmie Jakoos, war ein Krüppel und hatte ein Bein, das sehr viel kürzer war als das andere, was zur Folge hatte, dass er Krücken benutzen musste. Diese fünf waren zur Seite gegangen und man konnte beobachten, wie sie aufgeregt, wenn auch ruhig, in ein Gespräch vertieft waren.

Nach ihrer kurzen Diskussion sprang einer von ihnen auf und schaute mich an und fragte:

„Missionar, darf ich etwas sagen?"

„Sicherlich kannst du das", antwortete ich.

„Nun, Missionar", antwortete er, „wir fünf Jungen haben darüber gesprochen, und das ist, was wir darüber denken." Sie sehen, es geht uns gut und wir sind stark. Wir können Kaninchen, Rebhühner und anderes Wild jagen; und wenn dann der Winter kommt, können wir auf den Flüssen und Seen Schlittschuh laufen; aber Jimmie ist lahm, er hat ein krankes Bein. Er kann nicht im Wald rennen. Er kann nicht auf dem Eis Schlittschuh laufen. Aber Jimmie schnitzt gern. Er ist ein gutes Händchen im Herstellen von Bögen, Pfeilen, Paddeln und anderen Dingen, und ein gutes Messer wäre genau das Richtige für ihn. Und so haben wir fünf Jungen die Sache besprochen, und da er ein Krüppel ist, würden wir uns sehr freuen, wenn du Jimmie das beste Messer gibst."

Edle Jungs! Wie begeistert waren die Menschen von dieser Rede. Es elektrisierte mich und erfüllte nicht nur meine Augen mit Tränen, sondern auch mein Herz mit Freude.

Ich konnte nur an die Vergangenheit denken, an die Grausamkeit und den intensiven Egoismus jener dunklen Tage, als Jung und Alt jeder für sich war und die Unglücklichen und Schwachen vernachlässigt und verachtet wurden. Dank der gesegneten, veredelnden Einflüsse des Christentums erfassten nun sogar die Jungen diesen christlichen Geist und handelten spontan auf diese entzückende Weise.

Also bekam Jimmie das Messer mit vier Klingen und den anderen Jungen wurden die Messer mit zwei Klingen gegeben; Aber ich war so zufrieden mit der wunderbaren Stimmung, die sie an den Tag legten, dass ich dem Geschenk nach Wahl jedes Jungen ein gutes Hemd oder eine gute Jacke beifügte.

Kapitel fünfzehn.

Die Häuptlingin von Saulteaux; oder: Ein Sucher nach der Wahrheit.

Sie war eine große Frau, und als sie in unser Missionsheim kam, unterschied sich ihr Verhalten so sehr von dem einer gewöhnlichen indischen Frau, dass ich gewisse Vorurteile gegen sie hatte. Wenn die indischen Frauen ein Haus betreten, sind sie im Allgemeinen ruhig, bescheiden und unauffällig in ihren Bewegungen; Doch hier pirschte sich eine große Frau heran, die uns mit forschenden Blicken anstarrte und so entschiedene Wege hatte, dass ich mich durch ihre Anwesenheit beunruhigt fühlte und bald das Haus verließ, um ein paar Stunden im Wald zu verbringen, wo einige meiner Indianermänner waren arbeiten.

Als ich zurückkam, hoffte ich, dass sie ihren Besuch beendet und sich zurückgezogen hatte. Aber nein, da war sie; und es war ganz offensichtlich, dass sie gekommen war, um zu bleiben. Als meine gute Frau meine offensichtliche Verärgerung über diesen neuen Besucher sah, rief sie mich beiseite und sagte:

„Sie dürfen sich über diese Frau nicht ärgern. Sie ist eine Häuptlingin und die Tochter eines Häuptlings. Ihr Mann war ein Häuptling, und als er starb, übernahm sie auf Wunsch ihres Volkes seine Position und behielt sie seitdem bei."

Sie hatte von einigen Pelzjägern gehört, dass wir in das Land der Saulteaux gekommen seien, um dort zu leben. Sie hatte auch von dem wunderbaren Buch gehört, das wir hatten, das das Wort des Großen Geistes war; und auch das hatte ihre Neugier geweckt. Sie hatte diesen Gerüchten ungläubig zugehört und glaubte ihnen nicht; doch als sie zunahmen, wurde ihre Neugier so geweckt, dass sie schließlich beschloss, selbst herauszufinden, ob diese Dinge wahr waren, und tatsächlich viele Tage unterwegs war, um selbst nachzuforschen. Hier war sie nun, gut in unserem kleinen Heim angekommen, und ich hatte zunächst große Vorurteile gegen sie wegen ihrer entschieden nachdrücklichen Art.

Ich setzte mich neben sie und ließ sie mir ihre Geschichte erzählen. Sie war in der Tat eine kluge Frau und wollte unbedingt herausfinden, ob das, was sie gehört hatte, wahr war. Sie war eine ängstliche Forscherin nach der Wahrheit, buchstäblich unersättlich in ihrer Neugier und in ihrem Wunsch, alles zu erfahren, was sie konnte. Sie konnte morgens, mittags und abends reden und beschäftigte einen von uns damit, ihre Fragen zu beantworten, wenn sie nicht gerade schlief oder aß.

Sie blieb etwa zwei Wochen bei uns und kehrte dann zu ihren Leuten zurück; In der Zwischenzeit besuchte er jeden Gottesdienst und erhielt viele

Lektionen in der göttlichen Wahrheit. Ihr wurde der einfache Erlösungsplan erklärt und ihr wurde beigebracht, wie man betet.

Bevor sie ging, sagte ich zu ihr: Jetzt gehst du wieder nach Hause, und ich möchte dir etwas sagen. Sie müssen versuchen, sich daran zu erinnern, was wir über den liebenden Vater und seinen geliebten Sohn gesagt haben . Sie müssen versuchen, jeden Tag zu ihm zu beten, und Sie müssen versuchen, ihn zu lieben und alle seine Gebote zu befolgen.

„Eines dieser Gebote lautet nun: ‚Denke an den Sabbat, um ihn heilig zu halten.‘ Christen feiern einen von sieben Tagen, und Sie sagen, dass Ihr Volk Christen sein möchte; und ich glaube dir. Wir möchten, dass Sie in allem ein Christ sind, und deshalb möchten wir, dass Sie sich neben den anderen Geboten auch an dieses erinnern. Um Ihnen in dieser Angelegenheit zu helfen, werde ich Ihnen dieses große Blatt Papier und einen Bleistift geben, und Sie werden jeden Tag markieren, der vergeht."

Deshalb begann ich ihr am Montag und zeigte ihr, wie man die Tage auf diese Weise markiert: – 111111. „Diese sechs Tage sind *deine* Tage, an denen du jagen und angeln und all deinen Pflichten als Häuptling nachkommen kannst. Kümmere dich an diesen sechs Tagen um alle deine Angelegenheiten; Wenn dann der siebte Tag kommt, machen Sie auf diese Weise ein großes Zeichen:

„Dieses Zeichen ist für Gottes Tag. Lassen Sie an diesem Tag Ihre Waffe und Ihr Netz zurück und gehen Sie nicht auf die Jagd oder den Fischfang: Es ist der Tag der Ruhe und des Gottesdienstes. Treffen Sie alle Vorbereitungen dafür am Vortag. Sorgen Sie dafür, dass Sie reichlich Nahrung erbeuten und Holz fällen, damit Sie, wenn der Tag Gottes kommt, nicht arbeiten, jagen oder fischen müssen. Denken Sie an diesem Tag viel an den Großen Geist und beten Sie viel zu Ihrem liebenden Vater, der Sie die ganze Zeit sieht und hört und der sich sehr freut, wenn wir seinen Tag feiern und ihn an ihm anbeten."

Bevor sie ging, flehte sie mich eindringlich an, sie und ihren Stamm zu besuchen, ihnen zu predigen und den Weg des Großen Buches zu erklären. Ich hatte sehr viele Termine, aber als ich feststellte, dass ich bei einem Besuch nicht genug Platz hatte, sagte ich:

„Wenn sich der Adlermond füllt, achten Sie auf das Läuten der Schlittenglocken des Missionars, denn dann wird er mit seinem Hundezug und seinem Führer zu Ihnen und Ihrem Volk kommen."

Mein Terminprogramm war so umfangreich, dass es etwa sechs Monate dauerte, bis ich den versprochenen Besuch wahrnehmen konnte. Als also der Adlermond kam – das ist Februar –, spannte ich meine Hunde an und machte mich mit einem meiner erfahrenen Führer und ein paar Hundeführern auf den Weg in das ferne Land Ookemasis.

Wir waren etwa zwei Wochen unterwegs. Es war eines der gefährlichsten und mühsamsten, das ich je unternommen habe. Wir mussten oft auf den schmalen Eiskanten entlangfahren, die über dem reißenden Wasser des großen Flusses lagen. Manchmal wirbelten unsere Hundeschlitten auf dem Eis herum und wir stürzten fast ins dunkle, kalte Wasser. Dies war umso gefährlicher, da die meisten Reisen nachts durchgeführt werden mussten, denn die blendenden Sonnenstrahlen am Tag machten uns so anfällig für die schreckliche Schneeblindheit, die eine so schmerzhafte Krankheit ist. Wir hielten jedoch durch, und bei Tageslicht, wenn es möglich war, und bei Nacht, wenn es nicht besser ging, machten wir uns auf den Weg und erreichten schließlich unser Ziel.

Die letzten sechs Meilen der Reise führten über einen zugefrorenen See, an dessen gegenüberliegendem Ufer sich das Dorf der Häuptlinge befand. Als wir kaum die Hälfte des Sees überquert hatten, bemerkten die scharfen Augen der Wachen unser Kommen, woraufhin große Aufregung im Dorf herrschte. Es schien, als gäbe es nie eine glücklichere Frau als Ookemasis. Sie empfing uns mit einem wunderbaren Empfang und drückte auf eindringliche Weise ihre Dankbarkeit und Freude aus. Schon bei unserer Ankunft wurde das Willkommensfest vorbereitet. Als sie sicher war, dass es sich um den Missionar handelte, hatte sie einige Rentierköpfe von einer Bühne genommen, die Haare abgesengt, sie in große Stücke gehackt und sie zum Kochen in einen großen Topf gegeben.

Nach der herzlichen Begrüßung wurden wir zu einem großen Zelt begleitet, wo wir warteten, bis das Abendessen fertig war. Da sie keinen Tee hatte, gab ich ihr zu ihrer großen Freude eine große Menge. Sie war so aufgeregt, dass sie immer wieder ins Zelt rannte, um mir zu erzählen, wie groß ihre Freude sei, dass endlich der Mann und das Buch zu ihrem Volk gekommen seien. Als das Abendessen fertig war, begleitete sie mich und meine Begleiter dorthin. Eine Stelle war weggeputzt worden, in deren Mitte auf einer großen Schüssel ein großer Haufen Rentierkopfstücke lag. Ringsherum standen mehrere Blechbecher, gefüllt mit heißem, starkem Tee. Ihre Einladungen waren auf die Anzahl der Blechbecher beschränkt, die sie aufbringen konnte. Sie platzierte mich zu ihrer Linken und ihren Vorgesetzten, der neben ihr die Autorität hatte, zu ihrer Rechten. Mein Führer und meine Hundeführer befanden sich links neben mir, und der Kreis wurde mit anderen indischen Männern geschlossen. Sie war die einzige Frau im Kreis. Sobald wir auf dem Boden saßen, ergriffen einige der Männer sofort ein Stück Fleisch, zogen ihre Jagdmesser und begannen mit dem Abendessen:

„Halt", sagte ich. „Warte eine Minute. Ihr werdet alle Christen sein, und eine Sache, die Christen tun, ist, um einen Segen für ihr Essen zu bitten. Der Große Geist schenkt uns all die guten Dinge, und wir müssen ihm dafür danken. Also jetzt schließe deine Augen und ich werde um den Segen bitten."

Alle Augen waren geschlossen, als ich um den Segen mehrerer Sätze bat. Als ich fertig war, sagte ich „Amen" und öffnete natürlich meine eigenen Augen. Zu meinem Erstaunen und meiner Belustigung waren alle Augen außer denen meiner eigenen indischen Begleiter immer noch geschlossen. „Öffne deine Augen", sagte ich. „Amen, hier bedeutet: *Öffne dein Auge* . Es hat noch andere Bedeutungen, aber das reicht hier aus."

Dann gingen wir zu unseren Abendessen. Es gab weder Teller noch Gabeln, nur unsere Jagdmesser. Jeder, auch der Missionar, nahm ein Stück des gut gegarten Fleisches in die linke Hand und begann, mit seinem Messer sein Abendessen abzuschneiden. Meine Freundin, die Häuptlingin, hatte große, starke und nicht sehr saubere Hände. Aber das war ihr egal. Sie ergriff ein großes Stück saftiges Fleisch, in dem ihre Hand fast versank, und schnitt und riss mit großer Freude die herzhaften Stücke ab. Dann warf sie es auf den Boden und trank einen guten Schluck Tee; und dann packte er das Fleisch und riss mit großer Befriedigung erneut daran herum. Plötzlich ließ sie es wieder auf den Boden fallen, steckte ihre fettige Hand in den Busen ihres Kleides und sagte:

„O Missionar, ich möchte, dass du siehst, wie ich versucht habe, den Gebetstag aufzuzeichnen." Also zog sie aus dem Busen ihres Kleides ein fettiges, schmutziges Papier, das ich zunächst nicht als das große, saubere Blatt erkannte, das ich ihr gegeben hatte.

„Sehen Sie", sagte sie, „sehen Sie, wie ich versucht habe, den Gebetstag aufzuzeichnen!"

Mit großem Interesse untersuchte ich es und stellte fest, dass sie die Aufzeichnungen während all dieser sechs Monate gewissenhaft geführt hatte. Da war es; der richtige Tag für diesen langen Zeitraum. Dann erzählte sie mir von all ihren Erfahrungen. Sie sagte, dass an manchen Tagen, wenn sie in ihrem Wigwam war und versuchte, an den Großen Geist und an Seinen Sohn zu denken und zu Ihm zu beten, ein Junge hereinstürmte und sagte:

„Ookemasis, da draußen in der Schlucht ist ein großes Rentier, ich bin sicher, du kannst es erschießen."

„Aber ich würde sagen: ‚Nein. Dies ist der Gebetstag und ich kann an diesem Tag weder angeln noch schießen.' Deshalb bin ich am Gebetstag nie auf die Jagd oder zum Angeln gegangen. Ich versuche einfach, an den Großen Geist, meinen Vater, zu denken, zu beten und mit ihm zu sprechen und ihn mit mir sprechen zu lassen."

Natürlich habe ich freundliche und aufmunternde Worte zu ihr gesagt, und sie hat sich sehr darüber gefreut.

Dann legte sie das schmutzige Papier zurück und griff erneut auf den Boden, um ihr großes Stück Fleisch zu ergreifen. Als sie meines betrachtete, ein knöchernes Stück, das ich ausgewählt hatte, weil ich es beim Schnitzen etwas leichter halten konnte, rief sie:

„Dein Stück Fleisch ist sehr schlecht, meins ist ein sehr gutes Stück", und bevor ich merken konnte, was sie meinte, tauschte sie die Stücke aus. Natürlich konnte ich nichts anderes tun, als es dankend anzunehmen. Ich musste dem Motiv zustimmen, auch wenn ich die Tat nicht lobte. Es war ein Akt der Freundlichkeit, für den wir nicht alle ausgebildet sind.

Nach dem Abendessen hatten wir einen Gottesdienst, der bis zum Abendessen dauerte. Dann, nach einem guten Abendessen mit Fisch, hatten wir einen weiteren Gottesdienst, der bis Mitternacht dauerte. Dann übertrug sie mir die Aufsicht über einen ihrer Indianer, der ein großes Wigwam hatte. Bei ihm verbrachten meine Indianer und ich die Nacht. Wir schliefen nur zu zweit um das Feuer in der Mitte.

Ich blieb einige Tage bei ihnen, und seitdem haben sie alle das Heidentum aufgegeben und sind gute, ernsthafte Christen geworden.

Kapitel Sechzehn.

Big Tom.

Sein vollständiger Name war Mamanowatum, was „O sei fröhlich" bedeutet. Er war ein großer Mann, fast gigantisch und im Allgemeinen langsam in seinen Bewegungen, außer wenn er unterwegs war. Wenn er aufstand, um vor einer Versammlung zu sprechen, sei es im Rat oder in der Kirche, erhob er sich um Zentimeter und schien dazwischen zu ruhen. Aber als er aufstand und zu reden begann, hatte er etwas zu sagen, das Aufmerksamkeit verdiente.

Wir lernten ihn zum ersten Mal im Jahr 1868 kennen. Er war der Führer und Steuermann des Binnenschiffs Hudson Bay, mit dem meine Frau und ich von Fort Garry am Red River des Nordens nach Norway House am Playgreen Lake reisten. jenseits des nördlichen Endes des Lake Winnipeg.

Zu dieser Zeit war Big Tom, wie er von allen genannt wurde, schon seit mehreren Jahren ein ernsthafter Christ. Frühere Missionare waren uns vorausgegangen, und unter den indischen Konvertiten befand sich dieser gottesfürchtige Mann, über den es eine Freude ist, zu schreiben. Wir waren beide sofort von ihm angetan. Er war einer der Edelmänner der Natur. Obwohl wir mit seiner freundlichen, rücksichtsvollen Art zufrieden waren, bewunderten wir das Können und die Fähigkeiten, mit denen er das kleine Boot auf einem so stürmischen See manövrierte.

Die lange und gefährliche Reise dauerte etwa vierhundert Meilen und beschäftigte uns etwa vierzehn Tage. Big Tom steuerte unser Boot mit einem langen Ruder, das er als Ruder benutzte. Die Hauptantriebskraft dieser Boote sind die langen, starken Ruder, die von den indischen Besatzungen bedient werden. Wir hatten acht gute Ruderer in unserem Boot, und die Kraft und Ausdauer dieser Männer war Gegenstand ständiger Bewunderung. Wenn Gegenwind vorherrschte oder wir uns mitten in der Windstille befanden, mühten sich diese treuen Männer an ihren Rudern ab, so fleißig wie nur irgendein Galeerensklave. Eine günstige Brise, auch wenn sie sich in einen gefährlichen Sturm verwandelte, war immer willkommen, da sie den Männern eine Pause von ihrer sklavischen Arbeit verschaffte.

Sobald der Wind günstig war, ertönte der fröhliche Ruf:

„Meyoo-nootin" (Guter Wind) vom Reiseführer – oder wie es auf dieser Reise hieß: „Souway-nas" (Südwind) – erfreute jedes Herz. Es herrschte sofort reges Treiben. Die Ruder wurden eingeholt und der an der Seite des Bootes festgezurrte Mast schnell in Position gebracht. Die Seile wurden schnell gelegt, das große quadratische Segel gehisst und wir rasten vor der günstigen Brise weiter.

Mit zunehmendem Wind kamen im Allgemeinen große Wellen; und die sorgfältigste Steuerung seitens Big Tom war notwendig, um zu verhindern, dass unser schwer beladenes Boot mit dem Bug in schaumbedeckte Wellen stürzte. Es war eine Freude, die wachsame Sorgfalt dieses umsichtigen Steuermanns zu beobachten und zu sehen, mit welcher Kraft und Schnelligkeit er unser kleines Boot steuerte, als große Wellen über uns hinwegzurollen schienen. Seine höfliche Art gewann unseren Respekt, während seine Fähigkeiten als Steuermann unsere Bewunderung hervorriefen.

Er tat sein Möglichstes, um unsere Reise, die viele Nachteile mit sich brachte, so angenehm und angenehm wie möglich zu gestalten. Es war nicht sehr angenehm, einen großen, kämpfenden Ochsen an Bord zu haben, ganz in der Nähe der Stelle, an der wir sitzen mussten. Manchmal, wenn das Boot auf den Wellen hin und her geschleudert wurde, befand sich sein Kopf über einer Seite des kleinen Fahrzeugs; und dann, kurz darauf, war sein Schwanz über der anderen Seite.

Jede Nacht zelteten wir am Ufer. Big Tom sammelte Bündel duftenden Grases, von denen er einen Teil dem Ochsen als Futter gab, und mit dem Rest bemühte er sich, unsere Umgebung komfortabler und einladender zu gestalten. Er bedauerte vielleicht genauso sehr wie wir, dass wir so lange mit diesem großen Ochsen so nah bei uns reisen mussten; Und doch schien es, bevor wir das Ende unserer Reise erreichten, fast sicher zu sein, dass das, was wir als absolutes Ärgernis empfunden hatten, unsere Rettung gewesen war. Eines Nachts, als wir Angst hatten, weiterzumachen, beschlossen die Indianer, nicht an Land zu gehen und zu lagern, sondern die ganze Nacht weiterzusegeln, da der Wind günstig war. In den frühen Morgenstunden steigerte sich der Wind fast zu einem Sturm, während dunkle Wolken fast jeden Stern verdeckten. Big Tom – ein Held, der er war – blieb auf seinem Posten und raste, edel unterstützt von seinen erfahrenen Indianern, unter eng gerefften Segeln schnell durch die Dunkelheit. Der Missionar und seine Frau schliefen in ihrem Feldbett, das zu Füßen des Steuermanns ausgebreitet war; Und gleich hinter uns lag der große Ochse zu unseren Füßen. Plötzlich wurde das Boot auf die Seite geschleudert und kam zum Stillstand. Eine Zeit lang herrschte große Aufregung, und das Rufen von Befehlen durch die sonst so ruhigen Indianer erreichte ungefähr das Ausmaß des Wütens des Sturms.

Mit großer Geistesgegenwart. Big Tom senkte sofort das Segel und bewahrte uns so vor einer völligen Überraschung. Es stellte sich heraus, dass wir auf der abfallenden Seite eines glatten, unter Wasser liegenden Granitfelsens gelaufen waren. Wir hatten wirklich Glück, dass unser Boot durch seine Ladung gut ballastiert war und dass der Ochse der schwerste Gegenstand war. Die einhellige Meinung der Indianer war, dass sein großes Gewicht uns vor dem Kentern bewahrte. Durch sorgfältiges Management konnte das

Boot unverletzt aus seiner gefährlichen Lage befreit werden und die abenteuerliche Reise konnte fortgesetzt werden.

Nach diesem aufregenden Abenteuer. Big Tom entschied, dass es keine Nachtreisen mehr geben dürfe. So eilten wir vom frühen Morgengrauen bis spät in die Nacht weiter und schlugen jeden Abend an einem günstigen Ort am Ufer unser Lager auf.

Das Lagerfeuer, das großzügig mit Brennstoff aus den großen Wäldern in der Nähe versorgt wurde, beleuchtete die dunklen Gesichtszüge unserer tapferen Männer, von denen einige mit der Zubereitung des Abendessens beschäftigt waren, während andere in malerischen Gruppen anderweitig beschäftigt waren. Dieses herzhafte Abendessen hat allen sehr gut geschmeckt.

Kurz darauf versammelten wir uns alle zu unseren Abendandachten. Einige zusätzliche Holzscheite, die auf unser Lagerfeuer geworfen wurden, erhellten es so sehr, dass jeder, der wollte, der Lesung der Lektion in seinem eigenen Testament folgen und seine eigenen Gesangbücher zum Gottesdienst nutzen konnte. Die Erinnerungen an einige dieser Gottesdienste sind sehr wertvoll. Immer noch können wir Big Toms tiefe, reiche Stimme in seiner musikalischen Cree-Sprache lesen hören:

„Weya Muneto a ispeeche Saketapun uske, ke niakew oo pauko-Koosisana, piko una tapwatowayitche numaweya oo ga nissewunatissety, maka oo ga ayaty kakeka pimatissewin." Das ist die Übersetzung dieses unvergleichlichen Verses, des sechzehnten des dritten Kapitels des Johannesevangeliums.

Nachdem das Kapitel vorgelesen wurde, wurde ein passendes Lied gesungen. Die Inder haben nur wenig eigene Musik und weniger Poesie, die für den religiösen Gottesdienst nutzbar gemacht werden könnte. Das Ergebnis ist, dass die Missionare und Lehrer bereits über vierhundert unserer erlesensten Hymnen in die indische Sprache übersetzt haben und dabei die Melodien verwenden, mit denen sie allgemein in Verbindung gebracht werden. Bei dem Anlass, auf den wir uns beziehen, schien es uns süß und angemessen, das beliebteste Abendlied zu singen, wenn auch in einer anderen Sprache:

> „Ehre sei dir, mein Gott, diese Nacht,
> für alle Segnungen des Lichts. Bewahre mich, o bewahre
> mich, König der Könige, unter deinen eigenen
> allmächtigen Flügeln."

Als unser Abendlied gesungen war, knieten wir ehrfürchtig auf den Felsen, während Big Tom oder ein anderer frommer Indianer uns im Gebet anführte, gefolgt von ein oder zwei anderen. Dann war süße Ruhe für uns bis zum frühen Morgengrauen. Auf einen scharfen Ruf, dem alle sofort folgten, folgten ein hastiges Frühstück und ernsthafte Gebete, und dann wurde die Reise fortgesetzt.

Auf dieser Reise wurden zwei Sabbate verbracht. Für unsere christlichen Inder war der Sabbat tatsächlich ein hochgeschätzter Segen. Durch die biblische Verwendung als Tag der Ruhe und des religiösen Gottesdienstes und nicht als Tag der Ausschweifung wurden sie sowohl körperlich als auch geistig gestärkt; und somit viel besser arbeiten können. Wir hatten zusätzlich zu den Morgen- und Abendgebeten zwei wunderbare Gottesdienste in indischer und englischer Sprache. Die Pausen dazwischen verbrachten wir mit der Lektüre des Buches und einigen süßen Liedgottesdiensten.

Im Laufe der Jahre mit ihren vielfältigen Aufgaben fanden wir in Big Tom einen äußerst geschätzten und vertrauenswürdigen Assistenten. Sein edles, konsequentes Leben machte ihn zu einem Segen sowohl für Weiße als auch für Inder. Wenn es zu Streitigkeiten kam und ein Schlichtungsverfahren erforderlich war, dachte man zuerst an Big Tom als Schiedsrichter; und wir können uns nicht an einen Fall erinnern, in dem seine Entscheidung abgelehnt wurde.

Zu seiner Zeit war er ein großer Jäger, und es gab viele Geschichten über seine Fähigkeiten und sein Können. Jahrelang hielt er den Rekord als bester Elchjäger des Dorfes. Obwohl der Elch der größte Hirschstamm ist und ein unförmiges Aussehen hat, kann er sich mit großer Geschwindigkeit durch den Wald bewegen. Es galoppiert nie wie andere Hirsche, sondern schwingt im temporeichen Trab mit einer Geschwindigkeit und einer Ausdauer, die das schnellste Pferd bald hinter sich lassen würde. Sein Kopf ist mit großen, breiten Hörnern von enormer Größe und Schwere beladen, und doch kann er sich zwischen den dichten Bäumen, wenn er alarmiert wird, so schnell bewegen, dass der flinkste Jäger bald weit hinten bleibt. Seine Sehkraft ist nicht mit der anderer Hirscharten vergleichbar; aber die Natur hat ihm die ausgeprägtesten Fähigkeiten des Hörens und Riechens verliehen. Von Big Tom und anderen haben wir gehört, dass selbst als ein heftiger Novembersturm in den Wäldern tobte, Bäume hin und her schwankten und Äste gegeneinander krachten und im Sturm brachen, der unvorsichtige Jäger Hunderte von … Meter entfernt trat er zufällig auf einen kleinen, trockenen Zweig, der unter seinem Fuß brach, der Elch bemerkte das Geräusch sofort und rannte wie ein Pfeil davon, ohne viele Meilen lang anzuhalten.

Über Big Toms Fähigkeiten als Jäger haben wir derzeit nichts mehr zu berichten; Aber hier möchten wir ein Beispiel seiner Selbstverleugnung dokumentieren, das den desinteressierten Charakter des Mannes wunderbar offenbart und zeigt, was der Ehrgeiz des Herzens war.

Seit vielen Generationen sind diese amerikanischen Indianer in Stämme aufgeteilt. Vielfältig und vielfältig sind ihre Sprachen; aber die Anzahl ihrer Bräuche und Regierungsmethoden ist ähnlich. In allen Stämmen regierten Häuptlinge, die mehr oder weniger Autorität hatten. In einigen Fällen war die

Ehre erblich; in anderen Fällen nicht; Allerdings hatte in letzterem Fall der Sohn des Häuptlings, wenn er überhaupt geeignet war, die besten Chancen, an die Stelle seines Vaters berufen zu werden. Als die kanadische Regierung Verträge mit den Indianern des großen Nordwestens schloss, erkannte sie stets die Autorität der Häuptlinge an; und wickelt über sie auch heute noch alle Geschäfte mit den Stämmen ab. Bevor der Vertrag mit den nördlichen Crees geschlossen wurde, war das Amt des Häuptlings einige Zeit ruhend. Als die Nachricht eintraf, dass die Regierung im Begriff sei, einen Vertrag mit ihnen abzuschließen, und wissen wollte, wer ihr Chef sei, herrschte große Aufregung. Die Dominion-Regierung hat die Indianer sehr ehrenhaft behandelt und den Häuptlingen dieses von Natur aus sensiblen Volkes Respekt entgegengebracht, deren Belohnungen aus Silbermedaillen, feiner Kleidung und zusätzlichen Trinkgeldern in Form von Geld und Vorräten bestanden . Natürlich herrschte unter den Crees Aufregung angesichts der Aussicht auf große politische Veränderungen. Es fanden häufig Ratsversammlungen statt, und in Wigwams und am Lagerfeuer wurden zu diesem Thema viele Pfeifen geraucht. Es wurden verschiedene Namen besprochen und Söhne und Enkel vorgeschlagen, die jedoch nacheinander abgelehnt wurden. Big Tom interessierte sich nur wenig für diese Verhandlungen und nahm nur an wenigen Versammlungen teil. Zu seiner Überraschung wurde er eines Tages, während er in seinem Garten arbeitete, von einer Abordnung Indianer bedient und ihm mitgeteilt, dass er dringend im Gemeindehaus gebraucht werde. Hier im vollen Rat wurde ihm gesagt, dass er die Wahl des Volkes sei und dass sie wollten, dass er ihr Anführer sei – dass er die Silbermedaille mit dem Gesicht der Großen Mutter (der Königin) trage und dass er ihre Stimme sei mit dem Vertreter der Königin (dem Gouverneur) über alle Angelegenheiten zu sprechen, die das Glück und Wohlergehen des Stammes betreffen.

Ich war über die Entscheidung des Volkes informiert und hatte eine Einladung angenommen, bei der Ernennung von Big Tom im Rat anwesend zu sein. An anderen Tagen hatte ich Kongresse mit meinen weißen Freunden besucht und dabei beobachtet, wie bereitwillig angebotene politische und kirchliche Ehren angenommen wurden. Hier erwartete uns jedoch eine Überraschung; eine Ausnahme von der allgemeinen Regel, so wunderbar, dass es sich lohnt, darüber nachzudenken.

Als ihm das Amt des Häuptlings angeboten wurde, war der große Mann, der durch und durch wie ein Häuptling aussah, zutiefst betroffen, anstatt die Position sofort anzunehmen, und schien völlig außerstande, eine angemessene Antwort zu geben. Er versuchte, so dachten wir, seinen Dank für die große Ehre auszudrücken; aber alles, was er wirklich tat, war, mit gebrochenen Worten um eine Vertagung des Konzils auf den nächsten Tag zu bitten. Obwohl ich über die Vertagung enttäuscht war, freute ich mich über den Gedanken, dass Big Tom überraschend das Gefühl gehabt hatte, er könne die Rede, die der Anlass erforderte, nicht halten, und hatte deshalb um Zeit gebeten, seine Gedanken zu ordnen, wenn er halten würde uns eine Rede, die des großen Ereignisses würdig ist; Denn Big Tom war ein Redner von beachtlicher Qualität, wenn auch eher langsam, bis er sich mit seinem Thema vertraut machte.

Als der Rat wieder zusammenkam, waren wir alle da und wollten unbedingt einer indischen Rede unter der besten Schirmherrschaft lauschen. Es war eine Rede, ruhig, beredt, entzückend; aber wie anders als erwartet. Was für eine Chance bot sich hier für einen ehrgeizigen, aufstrebenden Mann! Wie er über sich selbst hätte sprechen können; was er getan hatte und was er tun würde! Aber in Big Toms Ansprache stand nichts dergleichen. Leise und bescheiden redete er und wurde dabei immer wärmer. Der einzige kurze Bericht, den ich von seiner Ansprache habe, ist der folgende, und er wird weder dem Anlass noch dem Mann gerecht:

„Als vor langer Zeit die Missionare kamen und zu uns predigten, weigerten wir uns eine Zeit lang, ihnen zuzuhören, und wollten keine Christen werden. Dann, nach einer Weile, begannen viele von uns, die in der Dunkelheit gewesen waren, in ihren Herzen zu spüren, dass das, was sie uns sagten, zu unserem Besten war; und so haben wir diese Dinge angenommen, und sie haben uns gut getan. Als ich in meinem Herzen die Gewissheit bekam, dass ich ein Kind Gottes war und eine Seele hatte, die für immer leben sollte, stellte ich fest, dass ich mit der Verwirklichung dieser Erlösung etwas Großes hatte, für das ich leben konnte. Dies zu tun war das große Ziel meines Lebens. Nach und nach heiratete ich, und dann, als meine Familie immer größer wurde und um mich herum aufzuwachsen begann, erkannte ich, dass ich ein anderes Lebensziel hatte – seinen Mitgliedern auf dem Weg in den Himmel zu helfen und für sie zu arbeiten Trost hier.

„Dann, nach einer Weile, übertrug mir der Missionar die Leitung eines Kurses. Wir sollten uns treffen und gemeinsam über unsere Seelen und Gottes Liebe zu uns sprechen und alles tun, was wir konnten, um einander in das bessere Land zu helfen. Meine Pflicht als Leiter zu erfüllen war eine große und wichtige Aufgabe. Während ich diesen Pflichten nachkam, stellte ich fest, dass ich einen anderen Zweck hatte, für den ich leben konnte. Diese drei Dinge: die Erlösung meiner eigenen Seele; die Rettung meiner Familie; „Alles zu tun, was ich kann, um den Mitgliedern meiner Klasse zu helfen und sie zu ermutigen, Ihm gegenüber treu und treu zu sein", liegt mir am Herzen.

„Ich bin dankbar für Ihr Vertrauen in mich, dass Sie mich gebeten haben, Ihr Chef zu sein. Ich weiß, dass es eine große Ehre ist; Aber ich sehe, dass es viele Verantwortlichkeiten mit sich bringen wird, und dass, wer auch immer die Position innehat, sich um viele andere Dinge kümmern muss als die, die ich mir vorgenommen habe. Sie müssen also jemand anderen ernennen; denn mit diesen drei Dingen kann ich nicht zulassen, dass irgendetwas anderes dazwischenkommt. Ich danke euch, meine Brüder, und liebe euch alle."

Edler, desinteressierter Big Tom! Als ich ihm zuhörte, während er so redete, war ich stolzer denn je auf ihn; und ich dankte Gott für die Bekehrung solcher Männer vom Heidentum zum Christentum und für die Entwicklung solch edler Eigenschaften und Tugenden in ihren Herzen und ihrem Leben.